철수야 놀자

국립중앙도서관 출판시도서목록(CIP)

철수야 놀자 / 서정오 지음. – 파주 : 고인돌, 2015
 p. ;   cm. – (청소년이 먹는 인문학 도시락 ; 01)

ISBN 978-89-94372-74-7 44300 : ₩13500
ISBN 978-89-94372-73-0 (세트) 44300

사회 문제[社會問題]
인문 과학[人文科學]

300-KDC6   CIP2015016491

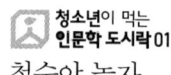
청소년이 먹는
인문학 도시락 01

철수야 놀자

초판1쇄 펴냄 | 2015년 7월 15일

지은이 | 서정오
편집 | 장순일
디자인 | 드림스타트
펴낸이 | 정낙묵
펴낸 곳 | 도서출판 고인돌
주소 | 경기도 파주시 문발동 617-12 1층 우편번호 413-832
전화 | (031) 943-2152
전송 | (031) 943-2153
손전화 | 010-2261-2654
전자우편 | goindol08@hanmail.net
출판등록 | 제 406-2008-000009호

값 13,500원
ISBN 978-89-94372-74-7 44300
      978-89-94372-73-0 (세트)

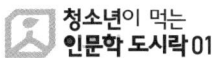
청소년이 먹는
인문학 도시락 01

‘어떻게 보느냐’가
‘어떻게 사느냐’를 결정한다.

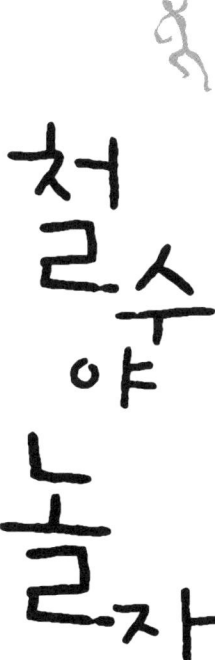

철수야
놀자

서정오 **지음**

고인돌

머리말

'어떻게 보느냐'가 '어떻게 사느냐'를 결정한다.

한 사람의 삶은 그 사람이 지닌 생각의 틀이 만들고, 그 생각은 세상을 보는 눈에서 나온다. 똑같은 대상이라도 어떻게 보느냐에 따라 아주 다른 답이 나올 수 있는데, 이로써 그 살아가는 방식도 달라진다. 요컨대 '어떻게 보느냐'가 '어떻게 사느냐'를 결정한다.

이 책에 실은 글은 그런 '세상 보는 눈'을 보여 주는 것이다. 말하자면 "나는 이 일을 이렇게 보는데, 어떻습니까?" 하고 독자에게 묻는 글이라 할 수 있다. 그렇게 세상 보는 눈을 함께 나누다 보면 생각하는 틀도 다듬어지고, 그것이 결국 삶에 이바지하리라는 것이 내 믿음이다.

읽어 보면 알겠지만 글 속의 눈은 대개 긍정보다는 부정 쪽에
기울어 있다. 다시 말해 세상일에 대해 '괜찮아' 또는 '다 그런 거
야' 하고 다독이기보다는 '왜?' 또는 '그래도 될까?' 하고 묻는
자세를 취한다. 요새 사람들 삶이 팍팍해지면서 흔히들 '치유'를
말하지만, 아픈 곳을 덮기보다는 드러내는 쪽이 진정한 치유라
고 나는 믿는다.

글은 독자들이 읽기 편하게 네 묶음으로 나누어 놓았다. 1부
에는 그때그때 일어난 여러 가지 일들, 다시 말해 시사문제를 다
룬 글이 들어 있다. 세월이 꽤 지난 일도 있어 기억을 되살려야
하는 수고가 필요할지 모른다. 2부에는 우리 사회에 종종 일어

나는 일들을 다룬 글을 모아 놓았다. 3부에는 문화에 관련된 글이 들어 있다. 책읽기와 옛이야기, 우리말에 관한 내용이 주를 이룬다. 4부에는 자잘한 일상을 다룬 이야기들이 모여 있다. 글감은 가볍지만 그 생각의 무게까지 떨어지는 건 아니다.

글을 쓸 때는 반듯한 격식보다는 편함과 자유로움을 따랐다. 말에 견준다면 연단 앞에서 하는 강의나 연설 쪽보다는 저잣거리에서 풀어 놓는 잡담이나 넋두리에 가깝다. 글말보다 입말을 많이 써서 더욱 그런 느낌이 들 것이다. 글을 말하듯 쉽고 친근하게 써야 한다는 건 오래고도 굳은 내 믿음이다.

이 책은 한창 세상에 눈떠 가는 젊은이들을 위해, 그 눈길과 생각을 다듬는 데 도움을 주려고 내는 것이다. 뜻은 그렇지만,

실제로 얼마나 도움이 되는지를 판단하고 평가하는 것은 오로지 독자의 몫이다. 부디 이 책이 독자들이 들이는 시간과 품에 조금이라도 보답하기를, 귀한 나무를 베어 만드는 일에 작게라도 값하기를, 그리하여 더 나은 세상을 만드는 데 모래알만큼이라도 보탬이 되기를 감히 바란다.

서정오

차례

2
똑똑한
사람과
바보와 종

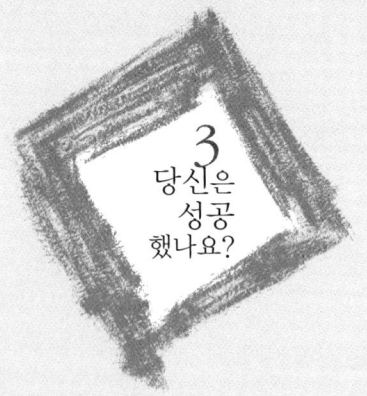

3
당신은
성공
했나요?

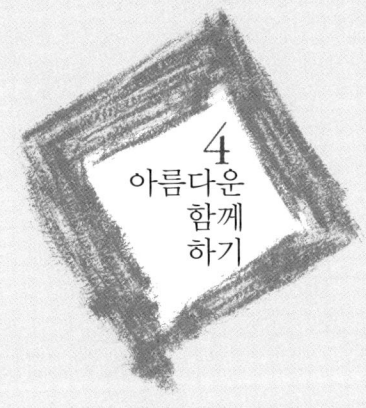

1
사람으로
태어난
부끄러움

미안해하지 마세요

'세월호' 참사가 일어나고 꽤 많은 시간이 지났건만 아직도 많
은 사람들이 충격에서 헤어나지 못하고 있다. 모두들 처음에는
안타까워 안절부절못하다가, 속절없이 시간이 흐르고 점점 희망
이 사라지면서 안타까움은 비통함으로 바뀌었다. 그러다가 믿기
힘든 사실이 잇달아 드러나면서 슬픔은 놀라움으로, 다시 분노
로 바뀌었다. 뒤이은 정부권력의 어처구니없는 대처는 그 분노
의 불길에 기름을 끼얹었었다.

비극은 아직도 끝나지 않았거니와(아직 차가운 물속에서 나오
지 못한 목숨이 있다), 우리에게 남은 생채기는 깊고도 깊어, 아물
려면 많은 시간이 필요하다. 지금도 살이 떨릴 정도로 분하고 원

통해 잠을 설치는 분들이 많을 줄 안다. 슬픔을 이기지 못해 하늘만 봐도 눈물이 나는 분들, 깊은 좌절에 빠져 생기와 웃음을 잃고 지내는 분들 또한 많을 줄 안다. 나 또한 그렇다. 원고 부탁을 차마 거절하지 못해 붓을 들었지만, 글 쓰는 일조차 여간 고통스러운 게 아니다.

워낙 감당하기 힘든 충격이어서일까. 우리 마음은 그동안 슬픔, 분노, 무력감과 좌절감을 겪으며 복잡하게 뒤엉켰다. 하지만 시간이 흐를수록 내남없이 점점 짙어지는 감정이 있다. 바로 미안함과 부끄러움이다. 분노가 좌절로 바뀌면서 모두가 자책하기 시작한다. 미안하다. 그저 미안하다. 미안하고 미안하다. 지켜주지 못해 미안하고, 가만히 있어서 미안하다. 어른이 되어서 미안하고, 이런 나라에 살아서 미안하다. 그러면서 수치스러워한다. 부끄럽다. 그저 부끄럽다. 어른인 게 부끄럽고 이 나라 백성인 게 부끄럽다. 무엇보다도 사람인 것이 부끄럽다……

나 또한 그랬다. 길에서 재잘거리며 지나가는 학생들만 봐도 미안하고 무안하여 고개를 못 들었다. 애들아, 미안하다. 어른이어서 미안하다. 무심히 지나가는 강아지만 봐도 부끄러웠다. 부끄럽다, 사람인 게 부끄럽다. 우리가 쟤들보다 나은 게 무엇인가. 무엇보다도 그동안 나라가 이 꼴이 되도록 아무것도 못 했다는 사실, 그래서 결국 이 끔찍한 일이 일어나도록 '방조'했다는 사실이 견디기 힘들었다. 아마 다른 분들도 마찬가지일 것이다. 우리가 느끼는 미안함과 부끄러움의 뿌리는 결국 무력감이다.

　그래서 나는 감히 말한다. 이제 그만 미안해하고 부끄러워하자고. 언제까지나 미안함과 부끄러움에 갇혀 지낸다는 건, 곧 언제까지나 손 놓고 무력하게 지내겠다는 뜻과 같지 않겠느냐고. 그러니 이제 마음을 다잡고 일어서는 게 어떠냐고. 슬픔과 미안함은 가슴 깊은 곳에 묻고, 부끄러움과 좌절감은 벗어던지고, 마음속엔 오로지 분노만을 남기자고. 그렇다. 분노만은 거두어들여서는 안 된다. 또 그렇게 쉽게 거두어들일 수도 없다. 진실이 낱낱이 밝혀질 때까지, 잘잘못이 똑바로 가려질 때까지, 그리하여 세상이 조금이라도 바루어질 때까지, 이 분노는 결코 사그라져서는 안 된다.

　나는 아직도 믿을 수 없다. 상식으로 이해 못 할 일들이 너무 많이 일어났다. 이번 일은 마치 사람이 어디까지 타락할 수 있는지를 보여 주는 본보기 같다. 배 회사와 선원들이 저지른 일뿐 아니라 정부권력이 보여 준 행태도 상식의 테두리를 한참 벗어났다. 배가 가라앉기 전까지, 잘못은 부도덕한 기업과 그 명령에 복종하는 '영혼 없는' 일꾼들이 저질렀다. 그러나 배가 가라앉은 뒤부터 모든 잘못은 정부권력으로부터 나왔다. 처음부터 팔짱 끼고 구경만 한, 되레 구조하러 온 사람들까지 막았다는 바다경찰은 말할 것도 없고, 그 뒤에도 거짓과 분칠과 공작으로 기득권 지키기에만 급급했던 권력자들에게 사람목숨 구하려는 의지가 조금이라도 있었을까.

　정말이지 도저히 이해할 수 없다. 그이들은 왜 그랬을까? 아무리 자기 목숨이 소중해도 그렇지, 다 같이 살 수 있는데도 굳이 혼자만 살고 남을 죽게 만드는 게 사람이 할 수 있는 일인가? 아무리 돈이 좋다 해도 사람목숨과 바꿀 수 있는가? 아무리 권력이 좋고 자리보전이 중요해도, 사람목숨을 두고 공작을 일삼을 만큼 사람이 타락할 수 있는가? 글쎄, 나중에 진실이 낱낱이 밝혀진다 해도 이 의문만은 풀리지 않을 것 같다.

　하지만 분명한 건 모든 책임과 허물이 그이들에게 있다는 것이다. 그이들이란 배 회사 주인을 꼭짓점으로 한 '돈을 목숨과 바꾼' 이들과, 바다경찰과 권력기관을 비롯한 '목숨을 외면하고 권력 지키기에 매달린' 이들을 말한다. 앞의 무리들은 어쨌든 죗값을 치를 것이다. 제대로 치를지 흉내에 그칠지는 모르지만, 어쨌든 아무 일 없다는 듯 어물쩍 넘어가기는 어려울 것이다. 하지만 뒤의 사람들은 다르다. 그이들은 우선 권력을 쥐고 있다. 게다가 진정으로 미안해하거나 책임질 마음은 아주 없어 보인다. 겉꾸밈만 요란할 뿐, 되레 거짓말과 공작으로 진상을 가리며, 신실을 밝히고 잘못을 고치라고 요구하는 이들을 감시하고 뒷조사하는 일에만 열심이다.

　그러는 사이에 우리 같은 애먼 백성들이 죄책감에 시달리고 있다. 미안하고 죄스러워 몸 둘 바를 모르고 있다. 이렇게 되기

를 바라는 이 누구일까? 죄 없는 사람들이 '우리 모두가 죄인'이
라고 말하면 '진짜 죄인'들은 뒤에서 웃는 법이다.

아니나 다를까, 권모술수에 도가 튼 저들은 기회를 놓치지 않
는다. 대중의 '집단 죄책감'에 슬그머니 올라타, 자기네 허물을
거기에 뒤집어씌우려 든다. 그리고 이 허물을 '개조'하겠다고 벼
르고 으른다. 정작 자기를 고쳐야 할 이들이 도리어 남을 고치겠
다고 매를 드는 꼴이다. 벌써 그런 조짐은 여기저기서 나타나고
있다. "모든 것을 고치겠다." 이 말은 자기네들은 바뀌지 않겠다
는 말과 같다. 수리공은 자기를 고치지 않는다. 자기 마음에 들
지 않는 것을 고칠 뿐이다.

그 까닭뿐 아니다. 지금쯤 차가운 물속을 떠나 하늘나라에 가
있을, 또는 아직도 차가운 물속에서 떨고 있을 어린 넋들이 우리
에게 말을 한다면 뭐라고 할까? 아마도 이렇게 말하지 않을까?

"미안해하지 마세요. 부끄러워하지도 마세요. 그보다 다시는
이런 일이 일어나지 않도록 해 주세요."

슬픔을 거두고 일어나 두 눈 부릅뜨고 지켜보는 일이, 그리하
여 이 땅에 정의가 실현되는 날을 하루라도 앞당기는 일이, 돈이
아니라 사람이 주인 되는 세상을 만드는 데 조금이라도 힘을 보
태는 일이, 이 미안함과 부끄러움을 조금이라도 더는 일이 아닐
까? 미안하다고, 부끄럽다고 백 번 말하는 일보다 말이다.

"철수야, 놀자!"

해 질 녘 주택가 골목은 적막하다. 가끔 비좁은 길을 지나가는 자동차 경적 소리, 그리고 과일행상이 틀어 놓은 녹음기 소리만이 고요를 깨뜨릴 뿐이다. 왜 이렇게 을씨년스러울까 생각하다가 곧 골목에 아이들이 보이지 않는다는 걸 깨닫는다. 요새는 어딜 가나 골목에서 뛰노는 아이들을 보기 어렵게 되었다. 놀이터도 한산하긴 매한가지다. 그러면 아이들은 다 어디로 갔을까? 그이들은 이 시간, 거의 학원에 가 있거나 학교에서 과외공부를 한다.

적막한 골목을 쓸쓸히 바라보다가 문득 얼마 전 우연히 읽은 신문기사를 떠올린다. 사연인즉 어느 아파트 단지에 부모들이 만든 별난 동아리가 있어 화제라는 것이었다. 못 노는 아이들을 위해 그 동아리에서는 일주일에 한 번씩 한바탕 신나는 놀이판을 벌인다는 것이 줄거리였다. 물론 기사는 '주위의 곱지 않은 눈길도 있다'는 말도 빠뜨리지 않았다. 그 눈길이란 물론 이런 것일 테다. "아이들을 저렇게 놀려도 되나?" 세상에, 얼마나 아이들이 놀지 못하면 그런 동아리까지 생겼을까. 또 그런 것이 신문에 다 날까.

잠시 어릴 적 기억을 떠올린다. 3, 40년 전만 하더라도 학교 마칠 무렵이 되면 날마다 골목은 아이들로 가득 찼다. 변변한 장난감 하나 없어도 아이들은 끼리끼리 어울려 잘도 놀았다. 저녁 먹을 때가 되어 집집에서 어른들이 나타나 아이를 데려갈 때까지 놀이판은 깨어지는 법이 없었다. "철수야, 놀자!" 대문 밖에서 들려오는 동무의 외침 소리에 숙제하다 말고 엉덩이를 들썩거렸던 경험쯤, 그 시절을 겪은 어른들이라면 누구나 갖고 있을 것이다.

'노는 것'의 반대말은 무엇일까? 이 물음에 나를 포함한 이 나라 어른들은 대개 '일하는 것'이란 답을 내놓는다. 하지만 놀이는 일의 반대말이 아니라 그저 뜻 다른 말이다. 놀이는 일에 방해되는 것이 아니라 오히려 일을 더 잘하게 도와줄 수 있는 것이다. 옛날 우리 조상들은 일을 놀이처럼 신명 나게 함으로써 고단함을 잊고 능률을 높이지 않았던가. 일과 놀이가 하나 된다는 것은 사실 가장 바람직한 상태가 되는 것이다.

공부도 마찬가지다. '노는 것처럼 공부하는' 것이야말로 가장 효과 있는 공부 방식이다. 한바탕 신나게 놀고 났더니 자신도 모르게 뭔가 배우고 익히게 되더라는 것, 이보다 더 훌륭한 공부가 어디에 있겠는가. 그러나 요즈음 우리 아이들은 이 대수롭잖은 경험조차 누리지 못한다. 아이들에게 공부는 곧 무거운 짐이요, 괴로운 노동이요, 답답한 굴레일 뿐이다. 도무지 즐거움이 허락되지 않기 때문이다. 만약에 아이들이 삼삼오오 어울려 땅바닥에 기어 다니는 개미라도 들여다보고 있으면 어른들은 이렇게 말할지도 모른다. "저 녀석들 공부 안 하고 뭘 하는 거지?" 하지만 곤충을 관찰하는 것은 무척이나 훌륭한 공부이다.

아이들이 놀이로 얻을 수 있는 것은 많다. 자연 속에서 하는 놀이는 생명의 신비로움과 아름다움을 깨닫게 해 준다. 여럿이 하는 놀이는 공동체 안에서 절제와 배려의 값어치가 얼마나 큰지를 깨우치며, 더불어 사는 사회에서 규칙 지키는 일이 왜 필요한지를 알게 해 준다. 삶에 필요한 지식은 학교 공부 시간에만 배우는 것이 아니다. 그보다 훨씬 많은 것을 아이들은 또래들과 어울려 노는 가운데 배운다.

이 소중한 놀이가 이제 더는 아이들 삶이 되지 못하고 있다. 요새 아이들은 심지어 놀이에 대한 정보조차 공부로써 얻는다. 이를테면 아이들은 역사 시간에 자치기, 사방치기, 팽이치기, 연날리기, 널뛰기와 같은 놀이가 우리 전통놀이임을 배운다. 그리고 시험을 칠 때면 '겨울철 민속놀이에는 어떤 것이 있는가?'와 같은 문제에 자신 있게 답을 쓴다. 하지만 정작 자치기와 사방치기를 어떻게 하는지는 모른다. 놀이를 배우는 것이 아니라 놀이에 대한 지식을 배우기 때문이다.

놀이는 아이들의 고유한 권리이다. 그것은 어른들이 선심을 써서 베푸는 것이 아니라 아이들 스스로 마땅히 누려야 할 즐거움이다. 그러므로 이제 우리 어른들은 아이들에게 놀이를 돌려주고 그 권리를 찾아 줄 때가 되었다. 물론 이것이 쉬운 일이 아님은 안다. 요즈음처럼 바쁜 경쟁사회에서 "철수야, 놀자!"는 메아리 없는 독백, 또는 '민폐'를 끼치는 외침이 될지도 모른다. 정말 중요한 것은 현실이 아니라 현실을 보는 눈이다. 이 현실이 뭔가 잘못됐다는 것만 알면 희망은 있다.

사람으로 태어난 부끄러움

정말이지 이 얘기는 꺼내고 싶지 않았다. 입에 담는 것만으로도 온몸에 소름이 돋을 것 같기 때문이다. '구제역' 이야기다. 들자니 이 병이 나타난 지 석 달 만에 죽은 소와 돼지가 300만 마리도 넘는다고 한다.

그 많은 집짐승들이 병에 걸려 앓다가 죽었대도 끔찍할 텐데 생목숨이 그저 죽었으니 더 무슨 말을 하랴. 병에 걸린 소와 돼지는 물론이고 멀쩡한 짐승들도 다만 '병에 걸릴 것 같다'는 까닭으로 땅에 묻혔다 한다. 산 채로, 영문도 모르고, 억울하다고 크게 한 번 울부짖어 보지도 못한 채!

이런 끔찍한 일에 '동원'된 공무원 일꾼들이 충격을 못 견뎌 쓰러졌다느니 밤마다 헛것과 헛소리에 시달린다느니 하는 얘기를 들을 때만 해도 그저 가슴이 아릴 뿐이었다. 그럴 게다. 어떻게 눈을 뜨고 보았으랴. 그러더니 기어이 그중 몇 분이 목숨을 잃었다는 소식까지 들린다. 하느님 맙소사! 가슴을 무엇으로 후벼 파는 것 같다. 오죽했으면 사람 목숨이 견디지 못했을까? 지옥이 이럴까?

그런데 정작 놀라운 것은 이 비극 앞에서 모두들 너무나 태연하다는 것이다. 아니다. '모두들'이 아니라 힘깨나 있고 말깨나 한다는 사람들이 그렇다. 높은 벼슬하는 사람들은 백성들더러 설날 고향 가지 말라느니 무책임한 소리만 하고, 부자신문들은 언제 그런 일이 있기는 했느냐는 듯 해적 이야기, 정치 이야기에만 열을 올린다. 그러다가 누가 묻기라도 하면 짜증 난다는 투로 농민들 탓을 하거나 보상금이 어떠니 딴소리를 한다. 이게 300만 산목숨을 생매장한 나라 벼슬아치와 신문들 모습이다.

옛날에도 소 돼지 같은 집짐승이 병에 걸리는 일은 종종 있었다. 돌림병에 걸려 한 마을 집짐승들이 다 앓는 경우도 드물지만 있었다. 하지만 그 때문에 산목숨을, 그것도 떼거리로 땅에 묻었다는 말은 들어 보지 못했다. 짐승이 병에 걸리면 사람과 마찬가지로 잘 돌봐 주었을 뿐이다. 내가 어렸을 때 어른들은 소가 병에 걸리면 외양간 짚자리를 새로 깔아 몸을 따뜻하게 해 주고 묽은 죽을 끓여 먹였다. 밤에는 이불을 덮어 주기도 했다. 그러면 대개 병이 잘 나았다.

요새라고 다를 바 없다. 요새도 시골 농사짓는 집에서는 집짐승이 아프면 수의사를 불러 주사를 놓고 약을 먹이거나 옛날 방식대로 보살펴 준다. 요컨대 짐승 병이라고 사람 병과 크게 다를 바 없다는 거다. 아무리 모진 돌림병에 걸렸다고 해도 생목숨을 땅에 묻는다는 따위는 생각조차 못 한다. 천벌 받을 작정이 아니라면 말이다.

그런데 왜 이런 일이 생긴 걸까? 이건 집짐승을 '집'이 아니라 '공장'에서 기르기 시작하면서 생긴 변고다. 몇 천 몇 만 마리를 한꺼번에 감옥 같은 상자 안에 가둬 기르다 보니 한 번 병이 돌면 걷잡을 수가 없게 된다. 게다가 조그마한 상자에 갇혀 밤낮 인공사료만 먹는 짐승들은 견딜힘이 없어 작은 병에도 그냥 픽픽 쓰러진다.

그래서 어쩔 수가 없느냐고? 아니다. 목숨을 귀하게 여기는 마음이 눈곱만큼이라도 남아 있으면 그럴 수는 없다. 듣자니 구제역에 걸린 짐승이 죽을 확률은 적게는 5퍼센트에서 많아도 50퍼센트라고 하더라. 그러니 병에 걸렸더라도, 아무리 나쁜 경우라 해도 절반 넘는 목숨은 구할 수 있다. 가만히 내버려 두어도 그렇다. 만약 고치려고 애를 쓴다면 그보다 훨씬 많은 목숨이 살게 된다. 게다가 사람에게는 아무런 해도 없다지 않나. 그런데도 왜?

알고 보면 까닭은 간단하다. 너무 간단해서 어이가 없을 정도다. 요새 공장에서 '만들어지는' 소와 돼지는 이미 존엄한 목숨붙이가 아니다. 그건 다만 밤낮으로 먹여 살찌우는 '고깃덩이'이며 돈 되는 '상품'일 뿐이다. 그러니 병에 걸린 짐승은 '불량품'이고, 수지타산을 맞추려면 '폐기'하는 게 장땡이다. 불량품을 고치는 데 드는 돈이 그걸 없애는 데 드는 돈보다 많다면 그래야 한다. 이것이 요새 경제를 안다는 사람들 생각이다. 입만 열면 '농축산업의 기업화'를 부르짖는 잘난 사람들 생각이다. 그 많은 집짐승을 산 채로 땅에 묻는 끔찍한 짓이 아무렇지도 않은 듯 저질러지는 까닭이 여기에 있다.

이쯤에서 고개를 갸웃거리는 분들이 있을지 모른다. "아니, 그게 아니라 병에 안 걸린 다른 짐승들을 살리려면 어쩔 수 없는 것 아닌가?" 글쎄, 나는 전문가가 아니어서 잘은 모르지만 다른 짐승들 살리는 길이 그것뿐일까? 사람이 돌림병에 걸렸을 때처럼 병에 걸린 짐승을 따로 떼어 놓고 치료하면 안 되나? 아니, 그것까지는 바라지도 않는다. 꼭 땅에 묻어야 한다면 고통 없이 죽게 한 다음에 묻으면 안 되나? 그렇게 하면 돈이 너무 많이 든다고? 그럼 어쩔 수 없지. 돈이 목숨보다 소중하다면 말이다.

'구제역 청정국' 지위인지 뭔지를 지키기 위해서 어쩔 수 없다는 말도 있더라만, 그건 더 알 수 없는 얘기다. 구제역 청정국이 뭐하는 건지는 몰라도 그게 300만 넘는 목숨보다 값지다면 할 말 없다. 그렇게 생각하는 사람한테 더 무슨 말을 하랴.

　백 걸음을 물러나 산목숨을 땅에 묻는 일이 정말 달리 방도가 없는, 어쩔 수 없는 마지막 선택이라 해도 아직 모를 일이 있다. 그렇다면 왜 진작 병이 퍼지지 않도록 나라에서는 애를 쓰지 않았는지? 처음부터 병이 더 퍼지지 않게 온갖 힘을 기울였어야 하는 것 아닌가? 그런 일 하라고 백성들이 세금을 내고 일을 맡기는 것 아닌가? 그게 아니라면 나라가 도대체 무슨 소용이람.

　하긴, 이 나라 높은 사람들에게 소 돼지 병 같은 건 애당초 하찮은 일이었을지 모른다. 그 사람들은 진작부터 농사니 짐승치기니 하는 '돈 안 되는' 일에는 관심조차 없어 보였으니까. 어쩌면 '선진일류산업' 발목이나 잡는 거추장스러운 짐으로 여기지나 않았는지 모르겠다. 그러니 무슨 재벌기업이 부도라도 나면 당장 나랏돈을 퍼부어 살려 내겠지만 소 돼지쯤이야 300만 마리 아니라 그보다 더 많이 죽어 나가도 눈도 깜짝 안 하는 거지.

　지금까지 불평이나 늘어놓았지만 사실은 나도 이런 말 할 자격 없다. 나 또한 공범이기 때문이다. 여태 소와 돼지가 어떻게 길러지는지 관심도 없이 어느 고깃집 고기 맛이 어떠니 하면서 살아오지 않았던가. 제 살과 뼈를 제가 먹으며 한 뼘 상자에 갇혀 한낱 벌건 고깃덩이로 길러지는 짐승들과, 그런 고깃덩이를 마구 내놓는 야만스러운 짐승치기 행태에 대고 말 한마디 한 적 있었던가. 그러다가 이런 끔찍한 일이 터지자 마치 무슨 '동물애

호가'나 된 듯 수선을 떨어 대고 있으니…….

　그나저나 곧 봄이 되어 얼었던 땅이 녹으면 겨우내 생매장당한 그 많은 짐승들 핏물이 금수강산을 뒤덮을 것이다. 죄 없는 짐승들 한 맺힌 울부짖음 서리서리 스며든 붉은 핏물이 말이다. 그때 가서 우리는 또 무엇이라고 말할 것인가. 행여 '물 오염'이나 탓하고 '수질 좋은 생수'나 찾으며 제 한 목숨 살겠다고 이리저리 몰려다닐 것인가. 사람이 자기 한 짓을 되돌려 받는 것은 책 속에나 있는 얘기가 아니다.

　사람으로 태어난 것이 부끄럽다. 그저 부끄럽다.

사자의 눈빛

한국과학기술원이라는, 일등 수재들만 모였다는 대학교에서 학생들이 '성적 스트레스'를 견디다 못해 스스로 목숨을 끊었다. 그것도 네 사람이나. 피 말리는 경쟁이 불러온 비극이다. 듣자니 그 학교에서는 성적 나쁜 학생에게만 등록금을 물렸다 한다. 본디 학비가 없는 학교이니 말이 등록금이지 벌금이나 다름없다. 성적이 나쁘면 벌금을 내라? 돈이 문제가 아니라 이건 인격모독이다. 도저히 교육이라는 이름을 갖다 붙일 수 없는 폭력이다. 더구나 성적은 다 '상대평가'로 매겼다 한다. 이게 무슨 말이냐면, 공부를 아무리 잘하고 열심히 해도 '남보다 못하면' 벌금을 물어야 한다는 뜻이다. 기가 막힌다.

게다가 모든 강의는 강요에 따라 영어로만 했다 한다. 심지어 일본말 강의까지 영어로 했다니 믿을 수가 없다. 이게 과연 제정신 가진 사람들이 벌인 일인가? 그 속에서 날마다 살벌한 경쟁에 내몰렸을 희생자들의 고통은 짐작할 만하다. 그런데 학교를 그 지경으로 만든 총장이란 사람은 잘못한 게 없다고 버티는 모양이다. 거기에다 되레 희생된 학생들 '약한 의지'를 탓하는 듯한 말까지 하더라니 너무 어이없어 입이 다물어지지 않는다. 사람을 죽음으로 내몰고선 되레 죽은 사람을 나무라다니!

그런데 정작 우리를 놀라게 하는 건 그 학교 학생들 모습이다. 함께 공부하던 동무 네 사람이 죽었는데도 무슨 일이 있긴 있었냐는 듯 그저 무덤덤하다. 너무 침착해 보여서 소름이 다 돋을 지경이다. '살인경쟁'을 그만두라는 성난 목소리도 바깥에서만 요란할 뿐 학교 안은 마치 절간처럼 조용하다. 신문을 보니 학생들은 '비상총학생회'라는 걸 열긴 했는데, 거기서 어떤 결정을 했는고 하니 '학사행정을 실패로 인정하는 데 반대'했다고 한다. 몇몇 학생들은 총장에게 힘내라는 응원을 보냈다고도 한다[서울신문]. 귀를 의심하지 않을 수 없다. 자기네들을 죽음으로 내몬 미친 경쟁놀음을 감싸고돌다니, 학생들도 미친 것 아닌가?

이 이상야릇한 일을 이해하려면 참을성이 필요하다. 우선 나는 이야기를 더 끌고 가기에 앞서, 꽃다운 나이에 세상을 등진 네 학생의 가여운 넋 앞에 사죄부터 하련다. 그이들뿐 아니다.

성적 때문에 스스로 목숨을 끊은 이 땅의 모든 학생들, 중고등학생들과 어린 초등학생들까지, 무자비한 경쟁에 시달리다 끝내 저 세상으로 간 수많은 넋들 앞에 엎디어 빈다. 용서해 다오. 얼마나 힘들었느냐? 부디 저승에서는 경쟁 없는 곳에서 편히 쉬기를……. 살아 있는 우리는 그 앞에서 모두 죄인이며 공범이다.

눈물을 거두고 이야기를 다시 시작하자. 먼저 우리는 그 한국과학기술원인가 뭔가 하는 곳이 '자사고 특목고 출신 전교 일등 엄친아'들만 들어갈 수 있는 '일류대학교'라는 것을 알아야 한다. 그곳에 들어간 학생들이 어떤 사람들일까? 어려서부터 수많은 경쟁을 겪어 온 이들, 그 경쟁에서 거의 져 본 적 없는 이들, 경쟁에서 이기는 방법을 아는 이들일 테다. 그이들한테 경쟁은 곧 삶이며 승리는 곧 버릇이다. 이번에 목숨을 끊은 학생들도 이제까지 모르고 살아왔던 '패배'가 현실이 되는 순간 그 충격을 견디기 힘들었을 것이다.

그게 뭐 어쨌단 말이냐고? 그러니까 그곳은 이미 사람이 서로 어울려 오순도순 함께 살 수 있는 곳이 아니라는 얘기다. 서로 먹이를 놓고 다투는 것이 당연하게 여겨지는 정글이란 말이다. 그런 곳에서 약자가 다툼에 밀려 강자에게 먹이를 빼앗기는 건 당연하다. 그러니까 다 그런 건 아니겠지만 그 안에 있는 많은 학생들은 이렇게 생각했을 수 있다. "그럼 경쟁을 하지 않고 어쩌란 말이냐? 스스로 목숨을 끊은 건 안된 일이다마는 그 또한 패배자가 스스로 선택한 길이다. 그이들 아니라도 누군가는 경쟁에서 져야만 했고 패배의 아픔을 달게 받아야 했다. 그것뿐이다. 그런데 도대체 뭐가 문제란 말인가?"

공기 속에서 오래 살면 공기가 있는지 없는지 모르듯이 경쟁 속에서 오래 살면 경쟁을 그만둔다는 건 상상조차 못 하게 된다. 밖에 있는 사람들은 이렇게 묻는다. "아니, 바로 옆에서 사람이 죽어 가는데도 어쩜 그렇게 태연할 수 있지?" 그 안에 있는 사람들은 이렇게 말한다. "그래서 뭐 어쩌라고? 안타까운 일이긴 하지만 그게 우리 책임은 아니지 않은가? 경쟁에서 이긴 것은 죄가 될 수 없다. 책임이 있다면 오로지 능력이 모자란 패배자에게 있겠지. 그런데 도대체 우리더러 뭘 어쩌란 말인가?" 이것이 바로 대한민국 일등 수재들이 모인 학교가 잇단 죽음 앞에서도 이상하리만큼 조용한 까닭이다.

사람이 짐승과 다른 점은 남의 아픔과 슬픔을 함께 느낄 수 있다는 것이다. 이른바 '공감능력'이다. 짐승들은 눈앞에서 죽어 가는 다른 짐승을 보고도 슬퍼할 줄 모른다. 고통에 몸부림치는 이웃을 위해 흘릴 눈물이 짐승들에게는 없다. 그러나 사람은 다르다. 이웃이 슬프면 나도 슬프다. 이웃이 아프면 나도 아프다. 그래서 그 아픔과 슬픔을 보듬고 눈물 흘리며 이웃을 그렇게 만든 폭력과 억압에 분노할 줄 안다. 아름다운 공감이요, 감동스러운 연대이다.

무자비한 경쟁은 사람한테서 사람다움을 앗아 간다. 서로 먹고 먹히는 정글에서 생존경쟁에 내몰린 이들은 믿을 수 없을 만큼 냉혹해진다. 필요한 것은 오직 경쟁에서 이기는 힘과 재주뿐, 그밖에 다른 것들은 다 거추장스러운 짐이 된다. "공감? 연대? 그게 무슨 헛소리야? 남의 아픔과 슬픔을 함께 느끼고 눈물 흘리며 발을 맞추다가는 어느 틈에 자리를 빼앗길지 모르는데? 그딴 건 일찍 버릴수록 이롭다." 냉철한 승리자일수록 슬픔이든 아픔이든 남의 일에 곁눈질하지 않는다. 오직 자신만이 있을 뿐. 번득이는 생존본능과 어떤 순간에도 이성을 잃지 않는 침착함이 여기에서 나온다. 그리고 이것이 바로, 우리말보다 영어를 더 잘하는 천재 학생들이 동무들 죽음 앞에서 뜨거운 눈물을 흘리는 대신 차가운 표정으로 '학교의 실패나 명예 실추'를 막으려고 (한겨레신문) 애쓰는 까닭이다.

이제 알겠는가? 그곳은 정글이다. 먹지 않으면 먹히는 곳이다. 빼앗지 않으면 빼앗기는 곳이다. 학생들 또한 원해서 그런 건 아니겠지만, 그래서 어찌 보면 피해자일 수도 있겠지만, 어찌 됐든 우리는 거기에서 눈물을 볼 수 없다. 분노를 볼 수 없다. 남과 함께 아파하며 눈물 흘리는 공감능력이 그 바닥엔 애당초 없기 때문이다. 아, 내가 말을 잘못했다. '그' 바닥이 아니라 '이' 바닥이다. 더하고 덜하고 차이가 있을 뿐, 이미 무자비한 정글의 법칙은 온 세상을 뒤덮었기 때문이다. 지금 당장 거리에 나가 보아라. 차가운 길바닥에 쓰러져 누운 사람 곁에, 그 '이웃'에게 내미는 따스한 손길 대신 그 '장애물'을 에돌아 걸음을 재촉하는 무심한 구둣발을 어디서나 쉽게 볼 수 있을 것이다.

그래서 우리는 슬프다. 대한민국에서 일등 가는 수재들만 모였다는 그 '초일류대학교'에서 나타난 이상야릇한 침묵을 이해하는 순간, 그곳이 더는 남이 사는 곳이 아니며 그 일이 더는 남의 일이 아님을 알게 되기 때문이다. 당신은 기억하는가? 이태전 용산에서 얼마나 억장 무너지는 아픔이 있었는지를. 평택에서는 또 얼마나 가슴 찢는 슬픔이 있었는지를……. 그 메아리는 아직 사라지지 않았고 그 생채기는 날이 갈수록 커지고 있다. 서울시청 앞마당에서, 대학교 화장실 뒤에서, 조선소 크레인 위에서는 지금 이 순간에도 피를 토하는 울부짖음이 이어지고 있다. 그리고 학교마다 학원마다 많은 어린 학생들은 성적표를 받아들고 눈물을 쏟고 있다. 하지만 그이들을 얼싸안고 흘릴 눈물은 이제 어디에도 없다. 그이들과 함께 분노하며 폭력에 맞서는 외침 또한 어디에도 없다. 있다면 싸늘한 무관심과 모욕 섞인 빈정거림이 있을 뿐. 당신에게도 그것이 그저 떼쓰는 패배자의 부질없는 발버둥질로 보이는가? 심지 여린 약자의 못난 징징거림으로 들리는가?

텔레비전을 켜면 드넓은 풀밭 한쪽에 사자 한 마리가 누워 있다. 방금 다른 약한 짐승과 달리기 겨룸 끝에 이겨서 승리자가 된 사자이다. 그 앞에는 패배자의 주검이 흉한 모습으로 놓여 있다. 이미 배불리 먹은 사자는 그 벌건 고깃덩이를 바라보며 게으르게 하품을 한다. 정글 속에서 패배자의 죽음은 아무것도 아니다. 슬픔도 아니요 아픔도 아니다. 폭력 앞의 희생은 더더욱 아니다. 그것은 그냥 일상이다. 그래서 초원은 그저 평온하고 포식한 사자의 눈빛은 그저 무심하다.

그 무심한 사자의 눈빛 위에 우리 이웃의 눈빛이 겹쳐 떠오른다. 섬뜩하다.

촌장과 마름

장면 하나.

추석 장을 보려고 집 앞 작은 재래시장에 갔더니 분위기가 영 썰렁하다. 명절 대목이건만 손님들도 그리 많지 않고 장사꾼들 표정도 밝지 않다. 한눈에 장사가 아주 안된다는 걸 알겠다. 그런데 집에서 조금 떨어진 큰 시장에 가 봤더니 공기가 훨씬 낫다. 들머리부터 손님들이 제법 북적거리고 활기도 눈에 띄게 있어 보인다. 돌아오는 길에 외국계 자본이 세웠다는 대형 할인매장 옆을 지나는데 이건 숫제 북새통이다. 사방이 온통 자동차와 사람으로 뒤덮여 발 디딜 틈이 없다.

장면 둘.

추석날 성묘를 하러 갔더니 산소 둘레에 잔디가 많이 죽어 있다. 지난해까지만 해도 잘 살아 있던 녀석들이다. 웬일인가 했더니 옆에 선 소나무 때문이다. 이놈이 지난해보다 키가 훌쩍 자랐는데, 그 자란 키만큼 '영역'이 넓어지면서 그 안에 살던 잔디가 죄다 죽어 버린 것이다. 잔디뿐 아니라 다른 풀이며 키 작은 나무들까지 피해를 입었다. 한 친척 형이 소나무를 베어 내야겠다고 말하자, 다른 친척 형이 말했다. "베어 버리기는 아깝고, 가지를 좀 잘라 내면 어떨까?"

장면 셋.

성묘를 마치고 돌아오는 길에 식구들과 이런저런 이야기를 하다가 제주도 강정마을이 화제에 올랐다. 아내는 그런 일(군사 기지 만드는 일)이야말로 주민투표에 붙여야 하는 것 아니냐고 했고, 딸은 환경오염을 걱정했다. 강정 앞바다에 '멸종위기동물'이 많이 살고 있다는 이야기도 나왔다. 그러다가 다들 한 가지 궁금증에 부닥쳤다. 도대체 나라에서는 왜 주민들 반대를 무릅쓰고 해군기지 짓는 일에 그리 집착하는지? 도대체 무슨 사연이 있어서?

어쩌다 보니 현대중공업 김진숙 씨의 '고공농성' 이야기도 나왔다. 그이가 농성을 시작한 지 여덟 달이 훌쩍 지났다는 건 나도 처음 알았다. 딸은 동무가 '희망버스'로 현장에 가서 밤새 평

평 울다 왔다는 얘기를 했다. 아내가 눈치 없이 "얼마나 고생스러웠으면……." 어쩌고 하자, 딸은 그게 아니라 가 본 사람은 다들 감동해서 운다고 했다. 그 회사가 몇 천억 넘는 돈을 벌고 170명을 자른 뒤에 몇 백억 배당금을 챙겼다는 얘기 끝에 우리는 또 심각한 궁금증에 사로잡혔다. 나라에서는 왜 기를 쓰고 회사만 싸고도는지? 왜 단 한 번이라도 노동자 권익을 말하지(말하는 척이라도) 않는지?

언뜻 아무 상관도 없어 보이는 이 세 가지 장면에서 나는 촌장과 마름의 모습을 본다. 촌장은 옛날 향청 벼슬 이름이기도 했지만, 마을 일을 다스리는 어른을 가리키는 말로도 쓰였다. 촌장이 되려면 반드시 학식이 높아야 하는 것도 아니고 양반이어야 하는 것도 아니었지만 공변됨만은 필요했다. 그 공변됨을 밑천으로 마을사람들의 존경과 믿음을 얻었고, 그 믿음을 바탕으로 마을에서 일어나는 크고 작은 다툼을 해결했다. 말하자면 촌장은 마을에서 훌륭한 '중재자'였던 셈이다. 어느 한쪽에 치우치지 않고, 어느 쪽 편도(적어도 겉으로 대놓고는) 들지 않음으로써 그게 가능했다.

마름은 알다시피 땅임자 심부름꾼이다. 땅임자를 대신해 소출을 가늠하고 소작인들에게 도조를 걷는 사람이다. 자연히 땅임자 이익을 대변할 수밖에 없다. 땅임자를 위해 소작농을 쥐어짜면 쥐어짤수록 자신에게 돌아오는 몫도 커지기 때문이다. 부도덕한 마름이 땅임자까지 속이는 일도 종종 있었지만, 피해 보는 쪽은 언제나 소작인 쪽이었다. 겉보기론 땅임자와 소작인 사이에서 심부름을 해 주는 것 같은데, 알고 보면 땅임자보다 더 땅임자 이익을 위할 수밖에 없는 것이 마름의 운명이라 할 수 있다.

위 이야기로 다시 돌아가자. 작은 재래시장과 큰 할인매장이 경쟁하면 그 결과는 뻔하다. 마치 거북과 토끼가, 또는 몸 약한 아이와 건장한 달리기선수가 경주하는 것과 같다. 이 경우 가만히 두어도 강자가 이기게 마련이므로 조금이라도 공변됨에 눈뜬 사람이라면 당연히 약자인 재래시장을 돕고 살리려고 애를 쓸 것이다. 촌장이라면 말이다. 그러나 마름이라면 얘기는 달라진다. 처음부터 철저히 강자 편에 설 수밖에 없다. 강자 이익이 곧 자기 이익이기 때문에 그건 당연하다. 억지로 공변된 척하기도 낯간지럽고 '중재' 같은 건 흉내조차 못 낸다. 큰 '쇼핑몰'은 나날이 커지고 재래시장은 점점 죽어 가는데도 정부는 출자총액제한제도 폐지니 규제완화니 재벌 편들기 정책으로 오히려 양극화를 부추기는 까닭을 달리 어떻게 설명할 수 있을까?

산소 둘레 잔디가 죽은 건 소나무 때문이었다. 소나무는 자기가 살기 위해 영역을 넓히는 과정에서 둘레 작은 풀 나무가 먹을 것까지 빼앗아 갔다. 말 그대로 '약육강식'이요 '승자독식'이다. 이 경우 사람이 할 수 있는 일은 몇 가지가 있다. 먼저 가만히 내버려 두는 것이다. 그러면 소나무는 살지만 다른 풀들은 죽는다.

기적이 일어나지 않는 한 이런 싸움에서 강자가 지고 약자가 이기는 법은 없다. 둘째는 친척 형 말대로 소나무를 베어 버리는 것이다. 소나무가 없어지면 잔디는 잘 살 것이다. 다른 풀 나무들도 마찬가지다. 나중에 다른 소나무가 또 나타나 같은 일이 되풀이될지는 모르지만(아마 그럴 것이다), 잔디를 위해서 이보다 더 좋은 그림은 없다. 셋째는 다른 형 말대로 소나무 가지를 쳐 주는 방법이 있다. 이렇게 해서 잔디를 살릴 수 있을지는 장담할 수 없지만, 어쨌든 손 놓고 있는 것보다는 뭐가 나아도 나을 것이다. 하지만 잔디와 소나무 모두를 만족시킬 수 없다는 점에서 썩 매력 있는 방법은 못 된다.

마지막으로 한 가지 방법이 더 있다. 소나무를 위해 다른 것을 죽이는 일이다. 잔디는 가만히 두어도 죽을 것이지만 사람이 알아서 미리 뽑아 주면, 또는 먹이다툼 과정에서 힘겹게 살아남은 것까지 없애 버리면 소나무는 좋아라 하며 더 잘 자랄 것이다. 약육강식과 승자독식을 부추기는 방식으로, 소나무에게 이보다 더 좋은 환경은 없다. 보통 사람이라면 이런 일은 결코 하지 않을 것이다. 그런데 만약에 소나무에 매인 사람이라면? 소나무의 이익을 재빨리 '극대화'하는 게 자신에게 이롭다면 이렇게 하지 않을 까닭이 없다.

이제 어렴풋이나마 알 것 같다. 나라에서는 왜 폭력을 써서라도 강정마을에 굳이 군사기지를 지으려고 하는지를. 나 같은 백성이 상식으로 생각해도 이해가 안 됐던 것은, 왜 하필이면 이 나라 가장 남쪽에다 군사기지를 만드느냐는 것이었다. 나라에서 입만 열면 '주적'이라고 그렇게나 강조하던 북한에서부터 가장 멀리 떨어진 곳에다 말이다. 나라 '안보'를 놓고 보면 틀림없이 그렇다. 하지만 미국군대와 건설회사를 위해서라면 얘기가 달라진다. 지도를 펴 놓고 보면 알 수 있다. 내가 미국 해군 사령관이라도 이곳에 해군기지를 만들고 싶어질 것이다. 또 내가 건설회사 사장이라도 그만한 일이면 군침을 흘리며 달려들 것이다.

마름이 주인 이익을 위해 봉사하는 것은 당연하다. 나는 강정마을에 군사기지 만들려는 실력자들이 미국 편을 들어서 실제로 어떤 이익을 얻는지는 잘 모른다. 한 가지 확실한 건 건설회사가 어마어마한 돈을 번다는 거다. 실제로 공사에 드는 돈이 1조 원에 이른다느니, 공사를 맡은 '삼성건설'과 '대림건설'이 자기네 일을 방해했다는 까닭으로 주민들을 고소하고 2억 원대 손해배상 청구소송을 냈다느니 하는 소식도 들린다. 정부도 질세라 마을주민들을 상대로 '공사 방해 금지 가처분 소송'을 냈다니, 영락없이 땅임자와 마름이 짝짜꿍 되어 장단을 맞추는 꼴이다.

현대중공업 일 또한 한 치도 다를 바 없다. 이태 전 용산에서 일어난 비극도 매한가지다. 촌장이라면 아무리 부도덕한 사람이라도 대놓고 부자 땅임자 편을 들지는 않는다. 억울하게 땅을 떼이고 쫓겨난 소작인을 모욕하고, 그이를 위해 노래하고 어깨를

겋는 다른 소작인들을 때리고 끌어내고 잡아 가두는 일은, 촌장이라면 결코 할 수 없다. 하지만 마름이라면 그럴 수 있다. 처음부터 땅임자 심부름을 하며 땅임자 이익을 위해 몸 바치는 마름이라면 그러고도 남겠지. 충성스러운 마름일수록 그런 짓을 당연하게, 또 자랑스럽게까지 여길 것이다. 우리가 정말 이해하기 어려운 건, 권력자들이 어쩌면 그렇게 하나같이 부자들 마름 노릇에 목을 매느냐는 거다. '떡값 검사'들이야 세상이 다 아는 재벌 마름이라지만, 다른 벼슬아치들 가운데도 촌장 노릇 하는 이가 하나도 없다는 건 정말이지 불가사의에 가깝다.

촌장과 마름이 다른 까닭은 그 뽑는 손이 다르기 때문이다. 촌장은 어찌 됐든 마을사람들 뜻을 아주 무시하고 정하기는 어렵다. 하지만 마름은 철저히 땅임자 뜻에 따라 정해진다. 실제로 옛날 땅임자는 자기 피붙이나 종 가운데 충성스러운 자를 뽑아 마름으로 삼았다. 더러 소작인 가운데서 마름이 나오는 일도 있었지만, 어쨌거나 그 정할 권리는 백 퍼센트 땅임자에게 있었다. 만약에 소작인들이 제 손으로 마름을 뽑을 수 있다면? 그래도 뼛속까지 땅임자 편인 마름을 뽑을까? 그것이 대체 가능하기나 한 일일까?

이 가을, 추석이 씁쓸하고 을씨년스러운 건 다만 달이 뜨지 않아서만은 아닌 것 같다. ▬▬ 2011.10 글쓰기

그 나물에 그 밥?

선거철이 되니 여기저기서 탄식하는 소리가 많이 들린다. 모임에 나갔더니 선배 어르신 한 분이 이렇게 호통치더라. "정치하는 놈들 중에 도둑 아닌 놈 있으면 나와 보라 그래!" 날마다 신문 방송에 불법 선거운동이니 공천 잡음이니 하는 얘기가 오르내릴 때라 고개가 절로 주억거려진다. 그런데 가만히 생각해 보니 썩 개운치는 않다. 정치하는 사람들 중에 도둑 심보 가진 이가 많은 건 사실이지만 다 그런 건 아니잖나. 그중엔 괜찮아 뵈는 사람도 있던데…… 왜 선거철만 되면 정치인들은 '몽땅 도둑놈'으로 몰려 도매금으로 넘어가는지?

아는 사람 가운데 학교 선생 하다가 그만두고 정당 활동하는 사람이 있다. 이름도 헷갈리는 작은 정당이라 내세울 만한 힘도 없고 생기는 것도 없다. 외려 늘 감시나 당하고 주머닛돈 나가는 일이 더 많다. 힘들지 않느냐고 물으니 일이 힘든 게 아니라 사람들 눈길이 곱지 않아 답답하다고 한다. 모두들 "저 사람 그런 줄 몰랐더니 정치판이나 기웃거리는 건달이로군." 한단다. 그러고 보니 정치인을 바라보는 일반시민들 눈길은 결코 곱지 않다. 여든 야든 크든 작든 정치판이라고 하면 뭔가 지저분한 곳, 구린내 나는 곳, 시끄럽고 싸움이 끊이지 않는 곳이라는 느낌이 먼저 든다.

고향 사는 동무가 전자편지를 보내 왔다. 안부 끝에 정치 얘기 한마디 덧붙여 났다. 나름 민주주의를 실천하려 애쓴다고 믿고 내심 지지했던 한 정당에 대한 실망감이 배어 있었다. 하는 꼴을 보니 반대쪽 정당과 별반 다를 바 없더라는 거다. 이 나라 정당이란 게 다 그렇고 그런 패거리인 줄 진작 알았지만, 하고 말끝을 흐린다. 세상 보는 눈이 날카로운 사람, 변화에 목말라하는 사람, 높은 이상을 가진 사람일수록 세속 정치에 더 크게 실망하고 좌절하나 보다. 그래서일까. 기성정치판에서 한 발짝 비껴서 있는, 이름조차 낯선 작은 정당들이 요새 들어 더 새로워 보인다. 실제로 많은 사람들은 그런 풀뿌리 정당에서 희망을 본다고 말한다. 구닥다리 큰 정당들은 다 그 나물에 그 밥이고 기대할 게 하나도 없다는 얘기다.

위에 든 세 장면은 모두 '정치 혐오'라는 너울을 쓰고 있지만 속내는 다 다르다. 달라도 한참 다르다. 먼저 첫째 장면부터 보자. 여기서는 도둑 아닌 이들이 진짜 도둑들과 함께 도매금으로 넘어가 버린다. 판에 박은 '물타기'다. 이렇게 되면 누가 이득을 볼까? 두말할 것도 없이 진짜 도둑들이다. 사실 정치하는 사람들이라고 다 도둑은 아니고, 나쁘다고 해도 더 나쁜 사람이 있고 덜 나쁜 사람이 있다. 아예 안 나쁜 사람, 착한 사람도 물론 있다. 그런데도 진짜 가짜 가리지 않고, 때로는 착한 편까지 싸잡아 욕을 하니까 진짜 도둑들 나쁜 짓도 다 묻힌다.

이 '몽땅도둑놈론'은 힘 있는 쪽에서 자기네들 불리할 때 즐겨 써먹는다. 이를테면 평소에는 반대편을 가리켜 좌파니 빨갱이니 하며 밖으로 내모는 '금긋기 작전'을 써서 세를 불리다가, 세상의 손가락질이 자기네 쪽을 향한다 싶으면 얼른 금을 지우고 이렇게 두루뭉술하게 외치는 것이다. "몽땅 도둑놈들이다!" 불법이니 탈법이니 패거리 정치니 구태의연이니 싸잡아 욕하는 말을 지겹도록 들은 백성들은 쉽게 "에잇, 다 그렇고 그런 놈들이로군." 한다. 그리고 "투표하면 뭘 해? 누굴 찍어도 마찬가진데." 하면서 투표 날 배낭 메고 산으로 가 버린다. 좋아 죽는 사람 따로 있다.

둘째 장면에는 좀 더 교묘한 속임수가 숨어 있다. 생각해 보면 정치는 나쁜 것, 피해야 할 것이 아니다. 오히려 반드시 해야만 하는 거다. 왕조시대라면 몰라도 요새 같은 민주주의 시대에 정치가 없으면 시민도 없다. 말인즉 주권은 국민에게 있고 모든 권력은 국민한테서 나온다지 않나? 그렇다면 우리 같은 시민들이 바로 '정치주체'다. 손수 정치하기 힘드니까 대표를 뽑아 맡기는 것 아닌가? "나는 정치에 관심 없어."라고 하는 건 스스로 주인 될 권리를 포기했다는 말과 같다. 그런데도 왜 우리 눈엔 정치가 곱게 뵈지 않는가? 정치를 모를수록 깨끗한 것처럼 여겨지는가? 다 권력의 속임수 때문이다.

예로부터 백성을 '탈정치화'하는 일은 부도덕한 권력자들이 즐겨 쓰던 수법이었다. 백성이 정치에 관심을 가지면 자기네들 나쁜 짓이 다 드러난다. 게다가 나라를 저희들 맘대로 쥐락펴락 못 한다. 그러니 어쨌든 백성들이 정치에 관심을 못 가지게 해야 한다. 흠결 많은 정치권력일수록 운동경기나 연예오락, 놀음놀이를 일부러 키우고 퍼뜨린 까닭이 여기에 있다. 백성들 사이에 경쟁을 부추겨 딴생각을 아예 못하게 하는 수법도 동원됐다. 권력이 그렇게나 기를 쓰고 대중의 눈길을 딴 데로 돌려놓으려고 애쓴 까닭이 뭐겠는가?

정치에 관심을 가지고 이것저것 따지는 사람은 당연히 권력의 눈엣가시가 된다. 이들을 일반백성한테서 떼어 놓으려면 정치를 뭔가 께름칙한 것으로 여기게 만들어야 한다. 그래서 저들은 이렇게 말한다. "정치판은 너저분하고 복잡한 곳이다. 그러니 너희

백성들은 몰라도 된다. 모를수록 좋다. 학생은 공부나 하고 가수는 노래나 하고 노동자는 일이나 해라. 정치에 껴들 생각 말고." 정치(정확히 말하면 사회문제)에 대해 의견을 말하는 유명인, 연예인, 일반시민들을 뭔가 불순한 목적이 있어 그러는 것처럼 몰아가는 저들의 속셈이 여기에서 나온다. 말도 안 되는 속임수다. 그래서 우리는 이렇게 따져야 한다. "아니, 백성이 주인이라며? 주인이 말도 못 하나?"

옛날 독재시대에는 정치문제에 할 말을 하는 깬 사람(선각자)들이 죄다 '사회불안을 조성하는 불온 선동가' 또는 '빨갱이'가 되어 감옥에 가거나 죽임을 당했다. 요새는 그렇게 대놓고 폭력을 휘두르는 대신 교묘하게 그이들을 대중과 떼어 놓는 방식을 더 많이 쓴다. 뭔가 트집을 잡아 불순한 사람, 부도덕한 사람, 흠 있는 사람으로 몰아가는 거다. 털어서 먼지 안 나는 사람 없다고, 조그만 흠을 마구 부풀려 떠들기도 하고 아주 없는 죄를 뒤집어씌우면 얼추 그렇게 보인다. 그걸 본 백성들은 밤낮 '정치하는 사람들'을 손가락질하고 욕할 뿐 감히 거기 껴들거나 바로잡을 엄두는 못 낸다. 이걸 보고 속으로 웃는 이 누구일까?

셋째 장면은 참 어렵다. 사실 이 나라 덩지 큰 정당들, 정책에도 큰 차이 없고 노선도 크게 다르지 않으니 그 나물에 그 밥이라 해도 할 말 없다. 패거리 만들고 집안싸움 하고 뒤로 호박씨 까는 버릇도 쉰 걸음 백 걸음이다. 사정이 이렇다 보니 선거철

되면 이 당에서 저 당으로, 저 당에서 이 당으로 '철새'들이 떼지어 날아다녀도 별로 이상하게 보이지 않는다. 그래서 시민들이 호주머니 털어 만든 풀뿌리 정당들밖에 희망이 없다는 말에 절로 고개를 끄덕이게 된다. 하지만 어쩌나. 내가 사는 지역구에는 그런 정당 후보는커녕 그 비슷한 후보도 없는데……. 그러면 다 때려치우고 투표 날 배낭 메고 등산이라도 가야 하나?

아니다. 어차피 투표 한 번으로 '이상사회'를 만들 수 없다면 그나마 조금이라도 나은 쪽을 선택할 수밖에 없다. '쉰 걸음 백걸음'이라지만 그 쉰 걸음 차이가 경우에 따라서는 클 수도 있다. 우리가 '다 그렇고 그런 놈들'이라며 혀를 차고 물러앉는 순간 희망은 사라진다. 따지고 보면 세상에 다 똑같은 사람이란 있을 수 없다. 아이 둘이 싸우면 흔히 어른들은 이렇게 말한다. "둘 다 똑같아서 싸우지." 하지만 그 말은 틀렸다. 이 세상에 둘이 정말로 똑같아서 싸우는 경우는 없다. 열이면 열, 어느 한쪽이 아주 나쁘거나 '더' 나쁘다. 다른 쪽은 안 나쁘거나 적어도 '덜' 나쁘단 얘기다. 아이 싸움뿐 아니라 어른 싸움도 무리 싸움도 나라 싸움도 다 마찬가지다. 그리고 이 경우 십중팔구는 '힘센 편'이 아주 나쁘거나 더 나쁘고 '약한 편'은 안 나쁘거나 덜 나쁘다.

이래서 우리 얘기는 다시 처음으로 돌아간다. 위에 든 세 장면은 아주 다르지만, 정치하는 사람들을 '그 나물에 그 밥'으로 본다는 점에서는 어쨌든 같다. 과연 그 나물에 그 밥이기만 할까?

가장 좋기는, 나물이고 밥이고 맘에 안 들면 좋은 걸로 바꾸는 것이다. 하지만 그게 어렵다면? 나물과 밥 가운데 어느 것이 더 나은지 살펴봐야 하지 않을까? 아니, 어느 것이 덜 나쁜지를 가려도 좋다. 좀 성가시더라도 꼼꼼하게 따져 보고 그중 조금이라도 덜 나빠 보이는 쪽을 고르면 어떨까. 그게 무슨 의미가 있느냐고? 큰 의미가 있다. 적어도 '더 나쁜 쪽'이 득세하는 걸 막을 수 있으니까. 지금 세상 돌아가는 꼴을 두고 말한다면, 거짓말과 속임수와 온갖 야바위 짓과 백성 등쳐먹기와 죄 없는 사람 괴롭히기 같은 '권력의 타락' 또는 '권력의 사유화'를 막을 수만 있어도 그게 어디냐.

그렇게 따지고 또 따져 봐도 자로 잰 듯 저울로 단 듯 정말로 똑같다면, 그때는 미련 없이 배낭 메고 산으로 가시라. 말리지 않겠다.

'지못미'

광복절 아침, 신문을 펼쳐 드니 '장준하'라는 이름 석 자가 눈에 들어온다. 그 이름을 보는 순간 나도 모르게 앉음새를 고치면서 "아!" 하고 나지막이 탄식하게 된다. 세상 먼지에 찌든 속물이 오랫동안 이 이름을 잊고 지냈구나! 지금 나이 쉰이 넘은 사람이라면 또렷하게 기억하리라. 그 어둡고 답답하던 군부독재정권 시절, 의로움과 기개의 대명사 같았던 잡지 『사상계』와 장준하라는 이름을.

수많은 지식인들이 권력에 빌붙어 알랑거리거나 침묵하던 그 시절, 옳은 것을 옳다 하고 그른 것을 그르다 하는 의로운 이는 참으로 몇 안 되었다. 더듬어 손꼽아 보아도 함석헌, 문익환, 김수영, 리영희, 계훈제, 그리고 장준하 선생이 떠오를 뿐이다. 나는 아직도 장준하 선생의 자서전『돌베개』를 처음 읽던 날, 두근거리는 가슴과 뜨거워진 눈으로 밤을 하얗게 지새웠던 그 감동을 잊지 못한다.

이런저런 생각에 사로잡혀 멍하니 앉았다가 다시 신문으로 눈길을 돌렸다. 기사는 즐거운 것이 아니었다. 선생이 세상을 떠난 지 37년 만에 처음으로 검시가 이뤄졌다는 얘기와, 사인으로 보이는 머리 상처가 '인위적 상처'로 보인다는 의사 말이 실려 있었다. 가슴 저리지만 새삼스럽거나 놀라운 얘기는 아니다. 37년 전, 선생이 등산길에 '의문사' 당했다는 소식이 들렸을 때 이미 알 만한 사람들은 다 알았다. 당국 발표대로 '추락사'일 리가 절대 없다는 걸.

그 시절을 떠올리는 것만으로 가슴 아프지만, 앞뒤 사정을 잘 모르는 분들을 위해 잠깐 설명드리겠다. 박정희정권 이른바 유신시절, 이 나라는 삼천리 방방곡곡이 거대한 병영이요 감옥이었다. 법을 짓밟고 태어난 '긴급조치'라는 무시무시한 괴물은 사람들 삶을 옭죄고 입에 재갈을 물렸다. 누구든지 당국 허가 없이 모임을 갖거나 통문을 돌리면 잡혀갔다. 정치 사회 문제에 대해 의견을 말하는 것은 일절 금지됐다. 학생들은 수업이나 시험을 거부하면 곧바로 '영장 없이 체포 구금'되었다.

실제로 그때 대학생이던 내 동무는 김지하 시인의 '양심선언'

을 베껴 돌리다가 붙잡혀 오랫동안 감옥살이를 하고 군대에 끌려가 모진 고생을 하고 나왔다. 하지만 이건 그나마 운이 좋은 편이다. 수많은 젊은이들이 시위현장에 있었다는 까닭만으로, 또는 책가방에 금서(그때 웬만한 사회과학책은 다 금지된 책이었다)를 가지고 다닌다는 까닭만으로 잡혀가 혼쭐이 났다. 고문당하는 건 예사고 심지어 생목숨이 죽어 나가기도 했다. 경찰서나 '남산'(오늘날 국정원 격인 중앙정보부의 다른 이름)에 끌려간 뒤 다시 나타나지 않는 사람들도 많았다. 나중에 주검이라도 찾은 경우는 그래도 나은 편이고, 영영 '행방불명'이 되어 장례조차 치르지 못한 사람들도 있었다.

믿기 어렵겠지만 사실이다. '자고 일어나면 한 사람씩 죽어 나간다'는 말이 결코 허풍이 아닐 만큼 흉흉한 시절이었다. 아는 사람이 어느 날 갑자기 안 보이면 가슴이 덜컥 내려앉았다. 그리고 나 같은 겁쟁이는, 그 동무의 안위를 걱정하기보다 나한테 닥칠 뒤탈이 두려워 안절부절못했다. 감히 부끄러움을 무릅쓰고 말한다. 그때 감옥 한 번 안 가고 몸 보전에 급급해 온 나 같은 사람은 아무리 변명해도 비겁한 좀생이다.

어쨌든 그런 시절이었으니 장준하 선생 '의문사' 소식을 듣자마자 어떤 일이 일어났는지 짐작하는 것은 어렵지 않았다. 장준하 선생이 누구인가? 일찍이 일본군대에서 탈출하여 광복군이 된 독립투사이며, 임시정부에서 김구 주석 비서로 일하다가 해방 뒤 조국에 돌아와 줄곧 민족 민주 반독재 운동에 몸 바친 분이다. 자연히 군부독재정권의 눈엣가시가 될 수밖에 없었다. (선생이 좌파라서가 아니다. 오히려 해방 뒤 친미 극우단체를 이끌 만큼 선생은 철저한 보수 민족주의자였다. 다만 독재정권 비판에 앞장섰다는 것이 그 까닭이다.) 『사상계』가 강제 폐간된 것도 그래서였다. 이쯤 되면 바보라도 알 만한 일 아닌가.

아니나 다를까, 선생이 죽은 뒤 진실을 밝히려 애쓰던 유족은 온갖 협박을 받은 끝에 다른 나라로 몸을 피해야만 했다. 선생과 뜻을 같이하던 동지들, 선생을 따르던 후배들도 하나둘 감옥에 갇히거나 일터에서 쫓겨나거나 목숨을 잃었다. 선생의 책은 '불온서적' 딱지가 붙어 판매 금지되었고, 선생이 몸담았던 단체는 탄압 끝에 해산되었다. 유족은 뒤늦게 고국에 돌아왔지만 취직도 안 되고 도와주는 사람도 없어, 아직도 셋집에 살면서 가난과 외로움에 시달린다고 한다.

신문을 내려놓고 천장을 쳐다본다. 부끄러움 때문에 온몸이 오그라드는 듯하다. 나는 지금까지 무엇을 하며 살아왔던가. 의로운 이가 불의한 손에 죽임을 당하고 착한 이가 악한 자에 의해 고통받는 동안 나는 무엇을 했단 말인가. 무슨 일을 하기는커녕, 몇 평 더 너른 아파트 장만하는 일과 자동차 월부금 갚는 일 따위에 매달려 장준하와 같은 이름 석 자조차 까마득히 잊고 살아오지 않았던가.

문득 생각이 꼬리에 꼬리를 문다. 그러고 보니 이 나라에서 의로운 이가 억울하게 죽임을 당하거나 죽음으로 내몰린 일은 이루 셀 수 없을 만큼 많다. 김구 선생은 평생을 독립운동에 바치고도 해방된 조국에서 뜻을 펴 보지도 못한 채 '육군소위' 계급장을 단 불한당에게 암살당했다. 그 암살자는 웬일인지 그 뒤에 벌을 받기는커녕 진급에 진급을 거듭하며 잘살았다니, 이 무슨 요지경 속이란 말인가. 비슷한 때에 독립투사 조만식 선생은 북녘에서 비참한 최후를 맞이하였다. 남이나 북이나 기회주의자들이 판치는 곳에서 의인이 설 곳은 없었던 모양이다.

더 거슬러 올라가면 녹두장군 전봉준이 있고 태백산 호랑이 신돌석도 있다. 외세와 탐관오리에 맞서 싸우던 이 의인들은 끝내 일본군에게 잡혀 죽임을 당하였다. 그것도 명색 조국 조정과 군대의 거듦 아래에서. 그러니까 이분들이 구하려 했던 조국은 결코 이분들 편이 아니었던 것이다. 조국 조정은 오히려 일본군 편에 붙어 이분들을 적대하였다. 이것을 자라나는 아이들에게 어떻게 설명해야 할까?

이분들뿐 아니다. 그 이름조차 희미한 수많은 항일독립투사들과 해방 뒤 남과 북에서 반독재 민주화를 위해 싸우다 희생당한 민주인사들……. 그분들은 모두 조국을 사랑했고 의로움을 선택했으나, 바로 그 때문에 조국 정부로부터 버림받고 불의한 권력에 희생되었다. 이를 두고 어찌 내 탓이 아니라 하랴. 의인이

고통받을 때 침묵하고 외면한 우리 모두는 죄인이다.

　장준하 선생 같은 의인은 그 삶은 물론이고 죽음도 존중받아야 한다. 마땅히 그래야 하고, 또 그렇게 되도록 하는 것이 후손된 이들 의무이다. 그런데도 우리는 아직 그 죽음의 진실조차 속시원히 밝혀내지 못하고 있다. 이것이 광복절 아침에 나 같은 백성이 부끄러워 고개를 못 들고 이렇게 되뇌는 까닭이다.

　"지켜 드리지 못해 미안합니다."

'북'자 신공

이상한 일이다. 갑자기 여기저기서 '북' 소리가 요란하다. 둥둥 치는 북이 아니라 남쪽 북쪽 할 때 북이다. 국방분가 어디에선 뜬금없이 '종북'인가 뭔가 하는 적이 나타났다고 소리치더니, 정치판에선 느닷없이 5년 전 전직 대통령이 남북회담 때 '북방한계선'을 포기하는 듯한 말을 했느니 어쨌느니 하며 들고일어났다. 족벌신문들이 거들고 자칭 애국단체들이 나서서 때 아닌 '북'자 타령이 삼천리강산을 뒤흔든다.

이상하다는 건 딴 게 아니다. '종북'이 뭐하는 건지는 모르지만 왜 여태 가만있다가 이제 갑자기 나타나서 '국가안보를 위협'하는지, 전직 대통령이 했다(고 우기)는 말은 왜 5년 동안 괜찮다가 이제 와서 '국정조사'를 할 만큼 중요해졌는지 도무지 모를 일이다. 우리 같은 백성들은 그저 어리둥절할 뿐인데, 아무튼 이 바람에 대통령 후보들 정책이고 공약이고 다 뒤로 밀려나 버렸다. 선거판에 오로지 '북'자만 남아 떠도는 꼴이다.

이상한 건 또 있다. '북' 소리가 났다 하면 한쪽은 갑자기 기세가 오르고 한쪽은 거꾸로 바짝 오그라든다. '종북'이란 것만 해도, 그게 북한하고 사이좋게 지내자는 뜻이라면 죽을죄는 아닌 것 같은데(같은 겨레끼리 싸우지 말고 평화롭게 살자는 게 뭐가 어때서?) 족치는 쪽 기세를 보면 마치 무슨 살인죄 문초라도 하는 것 같다. 당하는 쪽에서도 "나는 아니야."라고 손사래를 칠 뿐 "그게 왜 나쁘냐?"고 묻지 못하는 걸 보면 주눅이 들어도 단단히 들었다.

'북방한계선' 때문에 구설에 든 전직 대통령 일만 해도 그렇다. 벌 떼처럼 들고일어나 삿대질하는 쪽은 살기가 등등하고 반대쪽은 잘못한 것도 없으면서 쩔쩔맨다. 그 말을 했다는 증거도 없다는데, '폭로'란 걸 한 쪽에서는 되레 "그 말 안 했다는 증거 내놔라."고 한다. 사실 그 북빙한계선이란 것도 역사를 조금만 들춰보면 정체가 드러나는 거고(그걸 지키는 일과는 다른 문제다), 미국이라면 '묻지도 따지지도 않고' 엎어져 따르는 것도 썩 아름다워 보이지는 않건만 그런 말은 입 밖에도 못 낸다. '북'자만 나오면 말 그대로 산천초목이 벌벌 떤다. 과연 놀라운 '신공'이다.

그런데 더 신기한 건, 이 '북'자 바람은 부는 때가 딱 정해져 있다는 거다. 여느 때는 잠잠하다가도 선거철만 되면 어김없이 불어온다. 말하자면 '선거철 계절풍'인 셈인데, 대한민국이 생기고 선거가 생기고부터 여태 단 한 번도 거른 적이 없고 철을 어긴 적도 없으니 참 대단한 바람이다. 효과도 틀림없어서, 이 바람이 불었다 하면 한쪽엔 표가 무더기로 쌓이고 다른 쪽엔 쭉정이만 남는다. 요새는 약발이 전 같지 않다는 말도 있더라만 내가 보기에 아직은 끄떡없다. 60년을 써먹으며 갈고 다듬은 공력 아니냐.

하도 같은 일을 여러 번 겪다 보니 이런 생각도 든다. 저 사람들 북한 없었으면 어쩔 뻔했나? 그러면 뭘로 선거를 치렀을라나? 조금이라도 불리하다 싶으면 '북'자 한 마디로 대번에 형세를 뒤집어 왔으니, 북한이야말로 저 사람들 집권을 도와준 일등공신 아닌가. 그렇다면 혹시 짜고 친 화투? "우리는 너희 핑계 댈 테니 너희는 우리 핑계 대라, 그걸로 백성들 길도 들이고 말 안 듣는 놈들 잡아다 족치면 그 아니 좋을쏘냐." 이러면서 서로가 서로를 이용해 온 건 아닐까? 설마 그렇기야 하겠냐마는, 적어도 그걸 잘 '써먹어 온' 건 틀림없다.

또 한 가지 신기한 건, 이 '북'자 타령이 상식을 뒤엎고 가치를 뒤집어도 아무도 딴죽을 걸지 못한다는 거다. 딴죽은커녕 의심조차 품지 못한다. 미움과 폭력은 좋은 것이요, 사랑과 평화는 나쁜 것이라고 우겨도 다들 그런 줄 알아야 한다. '북'자 타령을 한 마디로 하면 이거다. "야, 너 왜 쟤들 안 미워해? 왜 욕 안 해? 왜 안 패고 가만히 있어? 너 '종북'이지?" 그러니까 북한을 열심히 미워하고 욕하고 두들겨 패야 하는데 그러지 않는 걸 보니 사상이 의심스럽단 얘기다. 그러면 몰리는 쪽에선 기껏 한다는 소리가, "아니야. 사실은 나 쟤들 미워해. 욕도 많이 했어. 기회만 오면 때려도 줄 거야. 그러니 오해하지 마." 이런다. 예수 그리스도는 원수를 사랑하라고 했는데, 어떤 이는 아무리 죄가 미워도 사람은 미워하지 말라고 했는데, 여기선 그런 말도 안 통한다.

신기한 건 또 있다. '북'자 바람이 한번 불면 다들 이성을 잃어버린다. 그래서 뭘 차분히 살피고 따지고 이해하는 일은 아예 불가능해진다. 이를테면 누군가가 "그러니까 북방한계선이란 게 뭐냐면……." 하고 설명이라도 시작하면 당장 "뭐야? 딴소리하는 걸 보니 너도 '종북'이지?" 하고 달려드니까 이건 뭐 말을 못 한다. 세상에! 누가 갑자기 "너 '종북'이지?" 하고 멱살을 잡으면 "아, 아닙니다." 하며 벌벌 떨어야 하고, "그럼 아니라는 증거 대라."고 다그치면 오만 가지 변명을 늘어놓아야 하는 세상에 우리가 살고 있다니! "역적이다!" 한 마디에 삼족이 죽어나가던 옛날 왕조시대, "마녀다!" 한 마디에 멀쩡한 사람이 불에 타 죽던 서양 중세시대가 이랬을까.

신기한 건 이뿐 아니다. '북'자 바람에 호되게 당할 짓도 어떤 사람들이 하면 괜찮다. 그러니까 누군 하면 안 되고 누군 해도 되는 게 바로 이거다. 이를테면 어떤 정권은 북한을 도와주면 '퍼주기 종북'이지만 다른 정권은 똑같은 일을 해도 그냥 '대북 유화정책'이다. 어떤 정치인은 북한 한 번 갔다 오면 뭘 줬느니 어쩌니 대번에 구설에 오르지만 어떤 정치인은 골백번 드나들어도 괜찮다. 그럼 누구는 되고 누구는 안 되는가? 누가 되는지는 잘 모르지만 누가 안 되는지는 안다. 일반서민 또는 서민 출신 정치인, 노동자, 농민, 학생, 시민운동가, 평화주의자, 독립운동가와 그 후손, 남북통일을 바라는 사람, 미국도 일본도 다 남의 나라라고 생각하는 사람, 가난한 사람도 사람이라고 생각하는 사람, 약자에게도 인권이 있다고 믿는 사람은 안 된다.

'북'자 바람 같은 야만스러운 '묻지 마 폭력'이 벌건 대낮에 힘을 쓰는 까닭은 뭣보다도 그걸로 재미 보는 일부 정치인들 잔꾀 때문이지만, 그 바람에 휩쓸려 함께 돌팔매질하는 백성들이 있어서이기도 하다. 지금이라도 모든 백성들이 돌팔매질을 멈추고 "왜?"라고 물으면, 아니 하다못해 고개라도 한번 갸웃거려 주면, 그 순간 그 야만스런 바람은 힘을 잃고 자취를 감출 것이다. 그만큼 '이성의 바탕'이 허약한 것이 그 바람이다. 또 그것은 편견과 분열을 딛고 생겨나 미움과 폭력을 먹고 산다. 따라서 우리 마음속에 사랑과 평화가 자라나 숲을 이루면, 그 순간 연

기처럼 사라져 버릴 것이 바로 그 바람이다. 둘레 가까운 사람 가운데 이 '북'자 바람에 휘둘리는 이가 있는가? 그렇다면 더 따뜻이 껴안아 주자. 그이가 진정 사랑과 평화의 가치를 깨달을 수 있도록.

비렁뱅이와 강아지 똥

신기한 일이다. '대선개입'이니 뭐니 해서 세금 받아 꾸려 가는 국가기관 쪽에 곱지 않은 눈길이 쏠린다 싶으면 꼭 무슨 일이 터지니 말이다. 그것도 놀라 자빠지기 딱 좋을 일만 골라서 뻥뻥 터진다. 그 말을 듣는 것만으로도 등골이 서늘해지는 '내란음모사건'이 한동안 눈과 귀를 어지럽히더니, 요새 와서는 검찰 높은 사람 '혼외 자식' 문제로 세상이 시끌시끌하다. 신문이 전하는 말인즉, 그이가 너무 곧이곧대로 일하다가 미운털이 박혀 뒷조사를 당하고 쫓겨났다니 참 어안이 벙벙하다.

그런데 더 묘한 것은, 이 모든 일이 국가정보원이라는 곳에서 이루어진다는 거다. 대놓고든 은근히든 큰일이 터질 때마다 그

이름이 안 오르내리는 법이 없다. 과연 나는 새도 떨어뜨릴 서슬이다. 검찰도 법원도 그 앞에서는 맥을 못 추는 것 같다. 때 아닌 '비밀경찰' 세상이라도 온 걸까? 쥐도 새도 모르게 생목숨 죽어나가는 일이 없어서 그나마 다행이라고 해야 할지…….

그러다 보니 법 같은 건 참 우습게 됐다. 요새 일어나는 일만 두고 보면, 나라 힘이 법에 따라 공정하게 집행된다고 믿는 이는 거의 없을 것 같다. 그러면 무엇에 따라 움직이는지? 누구나 짐작하는 것과 같이 권력의 높낮이가 모든 것을 결정한다. 그러니까 법에 어긋나고 안 나고, 옳고 그르고를 따지기에 앞서 윗사람 눈치를 살피고 그 비위를 맞추는 일이 중요해진 것이다. 만약에 아랫사람이 눈치도 없이 법과 정의를 내세우다가는? 당장 목이 잘린다. 실로 무시무시한 '조폭사회'다.

그러고 보니 이 같은 사회를 우리는 이미 여러 번 겪은 적 있다. 해방 뒤 세워진 독재정권 때, 그리고 그 뒤를 이어 두어 차례 총칼을 앞세운 쿠데타가 일어난 뒤에 이런 사회가 만들어졌다. 그런데 지금은 다르다. 적어도 겉으로는, 백성들이 투표로 만들었다. 그러면 어떤 사람이 이런 사회를 좋아할까? 무언가를 많이 가진 사람들이다. 권세와 부를 많이 차지하여 잃을 것을 걱정해야 하는 사람들은 내심 이런 사회를 바란다. 힘없고 가난한 사람도 투표하지 않았느냐고? 그렇긴 하지만 이런 사회를 좋아해서 투표한 건 아닐 거다.

불평등이 정당화되는 사회는 많이 가진 사람들 쪽에서 보면 '이상향'이다. 이미 가진 부와 권력을(비록 불법 부당하게 차지한 것이라도) 누리는 모든 일이 합법이기 때문이다. 게다가 모든 불만이 통제되는 사회라면 거의 천국이다. 가진 것을 지키는 데 아무런 비용도 힘도 들지 않기 때문이다. 불만을 다스리는 데 줄 세우기와 폭력만한 것이 없다. 줄 세우기는 위에서 받은 불만을 아래로 배설하는 장치고, 폭력은 그 장치를 떠받치는 힘이다. 폭력은 두려움을 낳는다. 모든 사람이 힘을 우러르고 두려워하며 '위'에 복종하고 '아래'에 군림하는 사회, 이것이 그 저들이 꿈꾸는 사회다.

문제는 줄에서 아래로 내려올수록 고달픔이 견디기 힘들 만큼 커진다는 데 있다. 만약에 그 고달픔에서 나온 불만이 두려움을 이길 만큼 커지면 저항이 일어나고, 그러면 체제가 무너지거나 흔들린다. 그래서 저들은 끊임없이 가르친다. "너희가 힘없고 가난한 건 못나고 게으른 탓이다. 권력과 부는 다 능력과 노력으로 얻은 정당한 열매다." 그리고 한편 으르며 한편 달랜다. "그러니 불만 따위 품지 말고 어떤 어려움도 참고 견디며 부지런히 일해라. 그러면 너희도 잘살 수 있다."

우화 '개미와 베짱이'에서 배고픈 개미는 베짱이에게 양식을 얻으러 갔다가 퇴짜 맞고 쫓겨난다. 게으름 피운 벌로 당연한 결과인가? 내가 아는 또 다른 이야기는 이렇게 끝맺는다. "양식을 꾸러 간 베짱이에게 개미가 물었습니다. '너는 여름에 부지런히 양식을 모으지 않고 뭐했니?' 베짱이가 대답했습니다. '나는 다른 동물들을 즐겁게 해 주려고 노래를 불렀지. 그러고 나서 양식을 구하려고 들판에 나가 보니 네가 다 긁어 가 버려서 남은 것이 없더라.' 그 말을 들은 개미는 자기가 부린 탐욕을 크게 뉘우치고 베짱이와 사이좋게 양식을 나누었습니다."

꽤 오래전 일이지만 이런 일도 있었다. 여러 사람이 음식점에서 밥을 먹다가 구걸하는 사람이 와서 한 사람이 돈을 조금 주었다. 그걸 본 다른 사람이 이렇게 말했다. "자네는 방금 저이를 도왔다고 생각할지 모르지만 실은 되레 앞길을 망친 걸세. 돈을 주지 않으면 먹고살기 위해 어떻게든 일을 하겠지만, 자꾸 돈을 쥐버릇하면 구걸할 생각만 하고 일을 안 할 거란 말이야. 그러니 돈을 안 주는 편이 도와주는 거지." 더 놀라운 건 그 자리에 있던 사람들 거의 다가 그 말에 고개를 끄덕이더라는 것이다.

학교 다닐 때 사회과목 시험을 치면 빠지지 않고 나오던 것이 '맬서스의 인구론'이었다. 그래서 '인구는 기하급수, 식량은 산술급수' 어쩌고 히면서 열심히 외웠는데, 정작 그 내용을 코끼리 다리 더듬기로나마 알게 된 건 몇 해 전이었다. (이런 '조각지식 외우기'식 학교공부에 질린 사람이 나뿐 아닐 것이다.) 부유한 엘리트였던 맬서스는 인구 폭발을 막기 위해 가난한 사람들이 더러운 환경에서 살도록 통제해야 한다고 주장했단다. 그 까닭은 빈민들이 전염병에 잘 걸려야 제때 많이들 죽고, 그래야지 '적정 인구가 유지'되기 때문이라는 거다. 하느님 맙소사!

더 말할 것도 없지만, 혹시나 설명이 필요한 분이 있을지 몰라서 덧붙이겠다. 오로지 자기만을 위해 양식을 모으는 일이 중요한 만큼 남을 위해(남과 어울려) 노래 부르는 일도 값지다는 걸 '우리를 부리는 사람들'은 결코 가르쳐 주지 않는다. 더구나 욕심을 부려 지나치게 많이 가지는 것(부와 권력 독점)이 남의 것을 빼앗는 일과 다름없는 죄가 된다는 걸 그이들은 한사코 부정한다.

민주사회에서는 그 누구에게도 비렁뱅이를 '개과천선' 시킬 권리가 없다. 빌어먹는 일이 남에게 피해를 주거나 법에 어긋나지 않는 한 그렇다. 비렁뱅이도 존엄한 인격체이며, 어쩔 수 없어서건 일부러 그러건 빌어먹는 일도 일이다. 우리에겐 오로지 그이를 돕거나 돕지 않을 자유가 있을 뿐, 나무라거나 '개조'할 권리는 없다는 얘기다. 사람을 개조 대상으로 보는 순간 우리는 전제군주 또는 독재자와 같은 자리에 선다. 더구나 한 사람이 가난한 건 사회구조 때문인 경우가 대부분이며, 그렇다면 우리는 그 사회구성원으로서 어떤 방식으로든 책임을 느껴야지 가난을 탓하며 훈계하려 해서는 안 된다.

사람 수가 늘어나 먹을 것이 적게 돌아가면 어떻게 해야 할까? 이를테면 세 사람이 밥 한 그릇을 나누어 먹으려고 하는데

한 사람이 더 와서 네 사람이 됐다면? 세 살 난 어린아이한테 물어보자. 보나 마나 조금씩 나누어 먹어야 한다고 할 것이다. 그럼 배가 고플 텐데? 이번에도 어린아이한테 묻는다. 밥을 더 구해 오면 된다고 할 것이다. 물론 이때 네 사람은 똑같이 힘을 합쳐야 하고, 구해 온 밥도 똑같이 나누어야 한다. 이게 상식이다. 네 사람 중 한 사람을(그것도 가장 약한 이를) 죽여서 밥이 줄어드는 것을 막아야 한다는 건, 미치지 않고서는 입 밖에 낼 수 없는 말이다.

서양 격언에 '하늘은 스스로 돕는 사람을 돕는다.'는 말이 있다. 나는 처음 이 말을 들었을 때 도무지 이해할 수 없었는데, 아직도 그렇다. 스스로 돕다니? 돕는 건 스스로 하는 게 아니라 '서로' 하는 것 아닌가? 아니, 그건 그렇다 치자. 그럼 스스로 도울 형편도 못 되는 사람은 어떻게 하란 말인가? 힘이 달리거나 장애가 있어 크게 뒤진 사람은? 아무리 애를 써도 안 되는 사람은? 그런 사람은 하늘도 버린 사람인가? 하느님이 자비심을 가진 분이라면 바로 그런 사람, 스스로 도울 힘도 없는 사람을 오히려 도와주지 않을까?

권정생 선생님 동화 「강아지 똥」에는 이런 구절이 있다. "하느님은 쓸데없는 물건은 하나도 만들지 않으셨어." 강아지 똥 아니라 그 무엇이라도 이미 세상에 나왔으면 존귀한 존재다. 하물며 사람임에랴. 비록 비렁뱅이라도 말이다. 이쯤에서 이렇게 말하고픈 사람 있을지 모르겠다. "그래, 빌어먹는 사람이 어디 그러고 싶어 그러겠어? 하다 하다 안 되니까 어쩔 수 없어 그러겠지. 게을러서, 일하기 싫어서, 쉽게 돈 벌려고 그러는 게 아닌 한 나쁘게 보면 안 되지." 아니다. 이를테면 게을러서 그러더라도, 남에게 해를 끼치지 않는 한 나쁘게 봐서는 안 된다. 그럼 좋게 보란 말이냐고? 아니다. 좋은 것도 나쁜 것도 아니다. 한 자유인이 살아가는 방식을 스스로 선택한 것뿐이다. 그러니 존중까지는 아니더라도 '인정'은 해 줘야 한다.

이야기가 '정보기관의 통제로 유지되는 권위주의 사회'에서 시작됐는데 어쩌다 비렁뱅이와 강아지 똥까지 흘러와 버렸는지, 혹시 얘기가 삼천포로 빠졌거나 헛다리를 짚은 게 아닌지 고개를 갸우뚱하는 분 있을 줄 안다. 내 딴에는 이 으스스한 조폭사회가 결코 우리 백성들(한 사람 한 사람 따로 놓고 보면 결코 아니겠지만) 동의 없이 이어 갈 수 없다는 걸 말하고 싶었다. 비록 몇몇 강자들이 자기 이익을 위해 만든 사회일지라도, 그것이 유지되는 데는 적극이든 소극이든 많은 약자들 참여와 도움이 필요하다는 얘기다. 그 참여와 도움이 바로 '비렁뱅이와 강아지 똥 아니라서 다행이라는 환상'에서 비롯된다는 것. '나보다 더 약하고 더 나쁜 처지에 있는 이들' 문제를 '남의 일'로 보는 순간 세상의 약자들은 모래알처럼 뿔뿔이 흩어지고, 저마다 목을 빼어 강자들 처분을 기다리게 된다는 얘기다.

자유인의 자유의지와 개성 있는 행동이 용납 받지 못하는 병영사회, 무조건 위에 복종하고 아래에 군림하기를 강요받는 수직사회, 정보기관이 만든 음습한 공포 분위기로 유지되는 감시사회는 (일부 기득권층을 빼고는) 그 누구에게도 좋은 사회가 아니다. 그러므로 결코 오래가지 못한다. 하지만 가난한 이가 비렁뱅이를, 거름흙이 강아지 똥을 '우리'로 보듬어 안지 못한다면 생각보다 꽤 오래갈 수도 있다. 이는 역사가 주는 교훈이다.

2
똑똑한 사람과
바보와 종

뭘 어쨌기에?

나는 족벌신문을 보지 않지만, 컴퓨터로 누리검색을 하다 보면 때때로 그런 신문들이 내놓은 기사를 어쩔 수 없이 읽게 된다. 하도 요란하고 야단스러운 제목들이 눈길을 끄는 바람에 읽지 않을 수가 없는 것이다. 그런데 어떤 기사는 읽고 나면 참 씁쓸하다. 전국교직원노동조합을 욕하는 글도 그중 한 가지인데, 하도 자주 욕을 듣다 보니 이제는 한동안 잠잠하면 오히려 이상할 정도가 됐다. 그런데 족벌신문들만 그런 게 아니라 다른 매체들도 가끔 전교조 나무라는 기사를 내보내는 걸 보면 전교조는 이제 말 그대로 '동네북'이 된 것 같다.

그렇게 보아서 그런지는 모르지만 전교조를 보는 일반사람들 눈길도 그다지 곱지 않은 듯하다. 내 둘레에 있는 사람들은 그나마 '온건'한 편인데도 좋게 말한다는 게 "그래도 전교조 덕분에 문제가 뭔지 깨닫게 된 면은 있어." 정도다. 물론 한때 전교조 조합원이었던 내 눈치를 보면서 하는 말이니, 내가 없는 자리에서는 그보다 덜 온건해질지도 모르겠다. 그런데 참 나는 이해할 수가 없다. 도대체 전교조가 뭘 잘못했기에?

얼마 전에는 서울시 교육감 선거에 나선 한 후보가 전교조 욕을 한 덕분에 당선됐다고 하던데, 물론 나는 이 말이 사실이 아닐 거라고 믿고 있지만, 어쨌든 이 나라에서는 지금 도무지 믿을 수 없는 일들이 일어나고 있다. 이를테면 정부에서 학교마다 전교조 조합원 선생님 수를 공개하라고 다그친 것 같은 일 말이다. 이 일을 두고 어떤 족벌신문은 잘하는 일이라고 칭찬하면서 '학부모들로선 우리 아이도 그런 교사들이 교육을 하는 건 아닌지 관심을 가질 수밖에 없다'고 하더라. '그런' 교사들이란? 이 신문에 따르면 통일 교육과 반전 교육을 하고 광우병 위험을 알리는 선생님들을 뜻한다.

그러고 보니 20년도 더 오래전 일이 떠오른다. 그때는 전국교직원노동조합이 막 태어날 준비를 하고 있을 때였는데, 당시 문교부가 각 학교에 내려보낸 문서 가운데에는 '문제교사 판별 기준'이라는 게 있었다. 내 기억이 정확하다면 그 기준에는 다음과 같은 것도 들어 있었다. '돈봉투를 받지 않는 교사, 지나치게 열심히 가르치는 교사, 학생들에게 인기가 많은 교사……' 이런 선생님들이 교직원노동조합에 들어갈 가능성이 많은 '문제교사'들이므로 미리 가려내어 막으라는 뜻이었다. 믿을 수 없다고? 그럴 것이다. 하지만 이건 그때 「월간조선」이라는 잡지에도 실렸던 기사이니 원한다면 확인해 보기 바란다.

나는 전교조가 도대체 무엇을 잘못했기에 저러나 싶어서 족벌신문을 비롯한 매체들을 할 수 있는 데까지 뒤져 보았다. 아무리 찾아도 무엇을 잘못했는지 자세하게 밝힌 글은 없고, 다만 이념이 '좌편향'이며 '친북반미' 교육을 한다는 말만 되풀이해 놓았다. 그런데 이것이 참 어처구니가 없다. 좌편향이라는 게 실제로 무엇을 뜻하는지 나는 알지 못하거니와, 친북반미 교육을 한다는 말도 내가 알기로는 사실이 아니다. 만약 통일과 평화의 가치를 가르치고 힘센 나라 잘못까지도 본받지는 말자고 얘기하는 것이 '친북반미'라면, 내가 바로 친북반미주의자다. 그러니 전교조 선생님들을 욕하지 말고 나를 욕해라.

어떤 족벌신문은 전교조 선생님 수가 많은 학교의 '명문대 진학률'이 낮다는 어떤 단체의 주장도 소개해 놓았던데, 나중에 이 말은 사실이 아닌 것으로 밝혀졌다. 사실이든 아니든 아이들을 죽도록 공부시키지 않아서 전교조 선생님들이 싫다고 한다면, 그건 좀 이해가 된다. 세상에는 '약육강식 승자독식'으로 대표되는 무자비한 경쟁체제 속에서 이익을 얻는 이들이 있고, 그런 사람들이라면 경쟁보다 남과 더불어 살기를 더 귀하게 여기는 전교조 선생님들을 싫어할 만도 할 것이다. 하지만 다만 그런 까닭으로, 자기 마음에 들지 않는다고 해서 전교조가 무슨 괴물이나 되는 듯이 말하는 것은 좀 지나치지 않나?

그러고 보니 전교조 욕하는 사람들은 요새 또 역사교과서를 뜯어고쳐야 한다고 주장하는 것 같더라. 그 소식을 들은 나는 또 우리 역사교과서가 얼마나 잘못되었기에 저러나 싶어 여기저기 뒤져 보았다. 그랬더니 그 잘못이란 게, 일제 식민지 지배와 독재정권과 미국에 대해서는 '부정적으로' 서술하면서 북한에 대해서는 '비교적 너그럽게' 써 놓았다는 것이다. 그것이 '편향' 되었으므로 바로잡아야 한다고 주장하나 본데, 역사를 모르는 나 같은 문외한도 아는 것이 하나 있다. 역사는 사람마다 다르게 볼 수 있다. 명백한 사실을 비틀어 놓았다면 잘못이지만, 해석이 마음에 들지 않는다고 나무랄 수는 없는 것이다. 아니 뭐, 싫으면 나무라기까지야 할 수 있겠지. 하지만 그렇다고 그걸 없애거나 고치라고 강요해도 되나? 참으로 모를 일이다.

나는 어렸을 때 북한 사람들은 모두 얼굴이 시뻘겋고 머리에 뿔이 난 줄 알았다. 그래서 그런 괴물은 보는 족족 모조리 '때려잡아야' 하는 줄 알았다. 북한 사람도 우리와 똑같이 생긴 그냥 '사람'이라는 사실을 안 것은, 놀랍게도 신문에 실린 '사살된 무장공비' 모습을 보고 난 뒤였다. 나는 정말이지 우리 아이들에게 그 같은 거짓과 미움을 다시 가르치고 싶지 않다. 사랑하는 아이들 마음에 내가 심어 주고 싶은 것은 결코 증오와 폭력이 아니다. 사랑과 배려와 평등과 평화의 가치를 알려 주고 싶다. 세상에는 돈과 권력 말고도 귀한 것이 많다는 걸 말해 주고 싶다. 사람이 스스로 존엄해지는 길을 걸어가게 하고 싶다. 만약 그것을 두고 '좌편향'이라고 말한다면, 나는 기꺼이 그리고 서슴없이 그 좌편향의 길을 가겠다.

오늘도 신문을 펴거나 텔레비전을 켜면 온갖 목소리들이 들려온다. 그중에 정말 귀 기울여 들을 만한 말은 들리지 않는다. 낮은 목소리로 타이르는 슬기로운 잠언이나 정성 어린 가르침 따위는 사라져 버린 지 오래이다. 남의 잘못을 나무라는 크고 성난 목소리에 묻혀 버렸기 때문이다. 그 성난 목소리 속에는 전교조 선생님들 욕하는 소리도 섞여 있다. 그런데 나는 아직도 이해할 수 없다. 남을 욕하려면 뭔가 분명한 잘못이 있어야 하지 않나? 다만 마음에 들지 않는다고 마구 욕해도 되나? 전교조 욕하는 사람들에게 부탁한다. 내가 아직도 잘 몰라서 그러니 부디 가르쳐 다오. 전교조가 뭘 어쨌기에? 뭘 잘못했기에?

"여자가 말이야."

얼마 전 기차를 탔을 때 일이다. 아직 기차가 떠나기 전, 손님들이 자리를 잡느라고 분주한 가운데 저쪽에서 웅성웅성 다투는 목소리가 들리더니, 곧 양복을 차려입은 남자노인이 이쪽으로 걸어오며 혼잣말을 했다.

"에잇 참, 그 뭐 잘못 볼 수도 있는 거지 뭘 그렇게 말이 많아?"

그러더니 이번엔 차 안에 탄 사람들 다 들으라는 듯이 큰 소리로 덧붙였다.

"여자가 말이야."

나는 깜짝 놀라 그 노인네를 쳐다보았다. 그런 말(그 말뜻이 "여자 주제에 말이야."라는 건 누구나 안다)을 아무렇지도 않게 내뱉는 데 놀랐고, 또 무슨 훈계나 하듯이 너무 당당하게 말하는 데 놀랐다. 아마도 그 노인네가 차표를 잘못 읽어 어떤 자리에 미리 앉은 여자 손님더러 비켜 달라고 했고, 자리 임자는 놀라서 이게 내 자린데 왜 그러시느냐고 했나 보다. 그렇다면 외려 미안하다고 사과해야 할 일 아닌가? 설령 그 여자 손님의 '말대꾸'가 좀 길어졌더라도 말이다. 만약 그 자리 임자가 남자였더라도 그랬을까? "뭘 그렇게 말이 많아? 남자 주제에 말이야."라고?

인종차별이 심하다는 나라에서도 "흑인 주제에 말이야." 같은 말은 금기에 속한다. 케이케이케이단 같은 쓰레기 인종차별주의자가 아니고서는, 또 감옥에 가기로 작정하지 않고서는 그런 말을 함부로 내뱉지 못한다. 만약에 중동 이슬람국가 사람이 유럽인을 보고 "기독교도 주제에 말이야." 했다가는 어떻게 될까? 틀림없이 외교문제가 생길 것이다. 거꾸로 말해도 마찬가지다. 요컨대 이 세상 어디에도 인종, 성별, 종교, 지역 차별을 대놓고 하는 곳은 없다. 그것은 범죄이기 때문이다. 물론 숨어서 몰래, 또는 감옥 갈 각오를 하고 그런 짓을 저지르는 미친 사람들이 있긴 하다. 그런데 우리나라에선 벌건 대낮에 이런 일이 공공연히 일어난다. 말인즉 경제협력개발기구 회원국이요, 신흥선진국이라는 대한민국에서 말이다.

우리나라에서 '여성해방'은 아직 꿈에 지나지 않는다. 이것은 조금도 부풀리지 않고 하는 말이다. 집안에서나 학교에서나 일터에서나 여자는 언제나 '이등국민' 대우를 받는다. 집안에서는 아직도 많은 며느리들이 시어른 눈치를 보며 '득남 스트레스'와 '명절 스트레스'에 시달린다. 학교에서는 아직도 많은 여학생들이 중요한 일을 할 때 남학생 뒤로 밀려난다. 일터에서는 아직도 많은 여사원들이 꽃꽂이와 차심부름을 '무보수'로 하고 있다. 글쎄, 술자리 접대부 노릇만 강요당하지 않으면 다행으로 알고 살아야 하나?

내가 이런 얘기를 하면 펄쩍 뛸 사람이 있을지 모른다. "무슨 소리야? 이제 그 사정이 역전된 것 몰라? 이제 남자들이 여자들 눈치 보는 시대가 되었다고." 정말 그럴까? 그렇게 믿는 남자들은 진지하게 자신에게 되물어 보기 바란다. "그러면 나는 진정으로 여자가 되고 싶은가? 나더러 지금 당장 여자가 되라면 바로 승낙하겠는가?" 아마도 열에 아홉은 손사래를 칠 것이다. 그렇다면 '역전'이니 뭐니 하는 말은 다 엄살이다. 그것은 '사회적 강자가 사회적 약자의 권익 확대에 미리 겁을 먹고 그 힘의 실체를 사실 이상으로 과장함으로써 자신들의 입지를 조금이라도 강화해 보고자 하는 허풍에 불과〔권혁범, 『여성주의, 남자를 살리다』 114쪽〕하다.

언젠가 아는 사람이 이런 말을 했다. "그런데 솔직히 말해서 여자가 남자보다 속이 좁고 샘이 많은 건 사실 아닙니까? 그걸 굳이 부정하기보다 차이로 인정하고, 큰일은 남자가 하고 작은 일은 여자가 하는 걸 당연하게 봤으면 좋겠어요." 짐작하겠지만 이분은 물론 남자다. 그리고 언뜻 들어보면 맞는 말 같기도 하다. 그런데 정말 그럴까? 적어도 내가 아는 사람 가운데는 속이 밴댕이콧구멍 같은 남자도 있고 소견이 바다처럼 너른 여자도 있다. 또 말이 나왔으니 말이지마는 인류역사에서 남자들이 했다는 '큰일'이 다 뭔가? 거의가 전쟁을 일으켜 피비린내를 풍기며 수많은 사람들을 죽인 일 아닌가? 그에 견줘 여자들이 했다는 '작은 일'은 대개 아기를 낳아 기르고 음식과 옷을 만들어 사람을 먹이고 입힌 일이다. 어느 쪽이 더 귀한가?

　초등학교 다닐 때 선생님한테서 들은 역사이야기 중에 '화랑과 원화' 이야기가 생각난다. 얘기인즉 신라에서 처음에 여자들을 뽑아 '원화'를 만들었더니 그 우두머리 둘이 서로 시기하여 싸우는 바람에 낭패를 보고, 결국 여자 대신 남자들을 뽑아 '화랑'을 만들었다는 것이다. 선생님은 친절하게도 남자들이 만든 화랑은 그 뒤 시기하고 싸우는 일 없이 잘 굴러갔다는 설명도 덧붙였다. 그것이 사실이라 해도 여기에는 지독한 편견이 숨어 있다. 우선 원화의 우두머리들이 과연 '여자여서' 싸웠을까? 만약 그이들이 남자였다면, 그때도 '남자여서' 싸웠다고 단정하고 당장 여자로 바꾸었을까? 예나 이제나 역사는 남자들 손으로 기록된다. '화랑과 원화' 이야기가 실린 역사책도 다 남자들이 만들었다. 남자들 중심으로 돌아가는 세상은 이처럼 여자를 쉽게 '삼류인간'으로 만들어 버린다.

　백 걸음을 물러나, 정말로 여자가 남자보다 속이 더 좁고 샘이 많은 구석이 있다 하더라도, 그것은 유전자가 달라서 그런 게 아니라 남자들이 만든 환경 때문에 그리 된 것이라 봐야 한다. 무슨 말이냐고? 옛날부터 모든 권세와 부는 남자들이 틀어쥐고 살았다. 여자들은 겨우 남자들이 허락하는 것만 가질 수 있었다. 그런 환경에서 가진 쪽의 통이 커지고 못 가진 쪽의 마음이 오그라들지 않는다면 오히려 이상하지 않겠나. 어떤 사람이 쓴 글에 큰 부자를 만나 보니 그 넓은 도량에 감복하지 않을 수 없더라는 말이 있던데, 그 또한 같은 이치다. 어느 누구라도 그만한 것을 지니면 절로 마음이 넓어질 거다. 가난뱅이가 작은 일로 아옹다옹하는 것도 날 때부터 속이 좁아서 그런 게 아니라 워낙 가진 것이 적다 보니 절로 그렇게 된 것이다. 그런 환경 속에서도 소갈머리가 오그랑쪽박 같은 '가진 자'와 그 마음이 한없이 넓고 따스한 '못 가진 자'가 나오는 건 불가사의라고 할 수밖에 없다.

　"여자가 말이야." 같은 말은 두말할 나위도 없이 여성을 차별하고 억압하는 말이다. 그 말을 내뱉은 사람에게 물어봐도 그건 인정할 것이다. 그런데 이런 차별과 억압은 남자들에게 득이 될까? 아니다. 많은 남자들에게는 똑같이 억압이 된다. 이를테면 "여자가 말이야."와 마찬가지로 "남자가 말이야."라는 말도 있을 수 있으며, 그 앞에는 "뭘 그렇게 말이 많아?" 또는 "건방지게 왜 나서?" 대신에 "쫀쫀하게 그런 걸 다 따져?" 또는 "그만한 일로 징징 짜?" 같은 말이 붙어 다닌다. 이것이 사리를 분명히 하려는 남자와 슬픔을 표현하고 싶은 남자에게 억압이 안 될까?

나는 어렸을 때 남자가 부엌에 들어가면 큰일이 나는 줄 알았다. 소꿉놀이나 고무줄놀이를 해 보고 싶었지만 놀림감이 될까 봐 참아야 했다. 겁쟁이로 보이지 않기 위해 하기 싫은 주먹다짐도 억지로 해야만 했다. 그래서 '용감한' 사내아이가 됐느냐고? 아니다. 기껏 다른 남자아이들 틈에 섞여 주먹질로 서열을 정하고 힘센 놈에게 복종하며 약한 아이를 괴롭히는 걸 배웠을 뿐이다. 더 한심한 건 그러면서도 그걸 부끄러워할 줄 몰랐다. "사내자식이 말이야." 이 비웃음이 오로지 두려웠을 뿐이다. 이것이 억압이 아니면 무엇이 억압이란 말인가?

'빌리 엘리어트'라는 영화가 있다. 남자아이 빌리는 아버지 명령으로 권투연습장을 찾지만, 권투보다 옆에 있는 발레연습장에 더 흥미를 갖는다. 어느 날 발레 선생님이 연습장을 기웃거리는 빌리를 발견하고 발레를 가르친다. 빌리는 곧 자기가 춤추기 위해 태어났다는 사실을 깨닫는다. 가난한 광부인 아버지는 그런 빌리를 못마땅하게 여기지만, 끝내 그 재능을 인정하고 갖은 고생 끝에 왕립발레학교에 보낸다는 얘기다. 사람을 때려눕히는 권투보다 사람의 눈을 즐겁게 해 주는 발레가 남자에게도 좋은 운동일 수 있다는, 이 당연한 사실을 당연하게 받아들이는 사람은 아직도 그리 많지 않다.

어려서부터 '장군감'이 되어 '씩씩하고 용감하고 굳세고 강하게' 자라서 '집안의 대들보요 나라의 기둥'이 되도록 무조건 길들여지는 남자아이는 불쌍하다. 마찬가지로 어려서부터 '공주님'이 되어 '곱고 예쁘고 사랑스럽고 귀엽게' 자라서 '집안의 고명이요 나라의 꽃송이'가 되도록 무조건 길들여지는 여자아이 또한 불행하다. 다릿심이 좋은 여자아이와 목소리가 고운 남자아이가 어른들의 칭찬을 마음껏 받을 때 비로소 아이들은 억압에서 해방된다. 축구를 잘하는 여자아이와 바느질을 잘하는 남자아이가 자신의 재능을 거리낌 없이 자랑할 수 있을 때 비로소 아이들은 밝고 건강하게 자랄 수 있다.

성별 편견에 관한 한, 아이들이 거기에 물드느냐 아니냐는 거의 부모의 말과 태도에 달려 있다. "여자가 말이야."와 "남자가 말이야."를 입에 달고 사는 부모 밑에서 열린 마음을 가진 아이들이 나올 수는 없다. 좀 거칠게 말하자면 '마초' 아버지 밑에서 자란 아들은 십중팔구 '마초'가 된다. 아버지들이 무엇보다도 조심해야 할 것은, 아들을 강하게 키운답시고 "사내자식이 계집애처럼 그게 뭐야?" 따위의 말을 함부로 해서는 안 된다는 것이다. 진정으로 강한 사람은 편견 없이 열린 마음을 가지고 약자를 존중하며 정의를 사랑하는 사람이다. 힘을 앞세워 약자를 함부로 대하는 건 비루한 겁쟁이나 하는 짓이다.

아프리카를 위하여

"우리는 어떤 것은 세계 최고인데 어떤 것은 아프리카 수준
이다."

"한국인들의 국민성 수준이 기초교육도 받지 못한 아프리카
미개인만도 못하다."

"아프리카 어느 후진국, 내전이 벌어진 나라 반군지도자의 선
동발언 같다."

"아프리카보다 후진 대한민국 정치를 보여 준다."

위에 든 것은 모두 이 나라 '높은 사람'들이 한 말이다. 대통령
을 비롯해서 국회의원, 정당 간부, 무슨 행동본부인가 하는 우익
단체 대표가 한 말이니 당연히 신문에도 났다. 가만히 들어 보면

모두 아프리카를 '뒤떨어졌다, 미개하다, 야만스럽다, 촌스럽다'
는 뜻으로 빗대었다.

비단 높은 사람들뿐 아니다. 우리나라 사람들 대부분이 아프
리카를 뭔가 어둡고 뒤진 곳으로 여긴다. 가난, 질병, 내전, 무
지, 암흑, 원시, 야생, 미개발 같은 낱말은 아프리카를 말할 때
꼬리표처럼 따라다닌다. 아프리카에 별 관심 없는 사람, 아프리
카가 나라 이름인지 대륙 이름인지 심지어 어디에 붙었는지 모
르는 사람도 당연하다는 듯이 그렇게 생각하고 쉽게 말해 버린
다. 도대체 왜 모두들 애꿎은 아프리카를 가지고 그러는 걸까?
아프리카가 뭘 잘못했기에?

우리나라 사람들 마음속에 자리 잡은, 아프리카에 대한 마뜩
찮은 느낌은 대개 서양에서 일본을 거쳐 들어와 뿌리내렸다. 아
프리카를 실제로 '침략'하고 '약탈'한 유럽과 북미 백인들이 만든
허깨비 관념을 일제가 그대로 가져다 퍼뜨린 것이다. 서양이든
일본이든 제국주의자들에게 약자를 얕잡아 보는 눈길은 썩 쓸모
있었을 거다. "그 사람들은 뒤떨어져서 앞선 나라한테 지배당한
것이다. 문명인이 야만인을 개화시켜 주는 건 당연하다." 이렇게
주장하려면 어쨌든 상대를 '미개한 족속'으로 만들어야만 했을
데니까.

유럽과 북미 백인들이 아프리카에 했던 것과 똑같은 짓을 일
제는 우리에게 했다. 침략과 함께 우리 겨레를 '비하'하는 허깨

비 관념을 만들어 퍼뜨린 것이다. 조선은 못난 나라이며 조선 사람은 형편없는 민족이란 것, 그래서 일본의 '지도'와 '지배'를 고맙게 받아들여야만 한다는 것을 끈질기게 들이댔다. "엽전들은 할 수 없어. 게으르고 더럽고 서로 갈라져 싸움이나 하다가 늘 남한테 당하지." 그 최면에 제대로 걸린 이 땅의 수많은 '지도층 인사'들은 속속들이 친일파가 되어 우리 겨레를 욕보이는 일에 앞장섰다. "한국 사람들 이게 뭐야? 외국 사람들 보기 부끄러워서 원." 지금도 높은 사람들이 걸핏하면 내뱉는 이 말은, 사실 저 못난 역사에 그 뿌리가 닿아 있다.

다시 아프리카 얘기로 돌아가자. 아프리카에 대한 어렴풋한 선입견, 가난하고 교육받지 못한 사람들이 밤낮으로 싸우는 위험한 곳이란 생각은 과연 옳은가? 나는 아프리카에 가 보지 않아서 잘은 모르지만(이런 건 잠깐 가 본다고 해서 알게 되는 것도 아닐 거다), 아프리카든 어디든 가난과 전쟁은 있게 마련이다. 그건 사람이 무리를 이뤄 살면서부터 한시도 없어지지 않은 헌데와 같은 거니까. 유럽이든 아메리카든 아시아든 힘센 사람이 약한 사람 것을 빼앗으면 이른바 '빈부 격차'가 생기고, 빼앗긴 사람이 거기에 저항하면 싸움이 일어나는 것은 정한 이치다.

하지만 다른 곳보다 유독 아프리카에 가난과 질병, 전쟁이 더 심한 건 어떻게 설명할 거냐고? 이제부터 그것에 관해 내 생각을 이야기하겠다. 아프리카 사람들이 가난한 건 일찍부터 백인들이 사람을 '사냥' 해 가고 자원을 '약탈' 해 갔기 때문이다. 적어도 그것이 큰 까닭 중 하나임에는 틀림없다. 그 옛날 백인들이 아프리카 대륙을 '발견' 한 뒤로 얼마나 많은 아프리카 사람들이 노예가 되어 끌려갔는지, 얼마나 많은 자원들이 빼앗겼는지 모르는 사람은 없을 거다. '너무 풍요로워서 너무 가난한 곳' ― 아프리카를 두고 많은 사람들이 이렇게 말하는 까닭을 우리는 잘 안다. 백인들이 아프리카 사람들을 '개화' 시키지 않고 그냥 두었던들, 자원들을 아주 싼 값에라도 돈을 주고 가져갔던들, 오늘날 아프리카를 괴롭히는 가난은 없었을지도 모른다. 그런데도 백인들은 입만 열면 말한다. 아프리카가 가난한 건 그 땅에 사는 '흑인' 들이 미개하기 때문이라고.

아프리카에 전쟁이 잦은 것도 백인들 탓이 크다. 백인들은 아프리카 작은 나라들을 서로 자기 손아귀에 넣으려고 끊임없이 싸움을 부추겨 왔다. 독재자에게 힘을 실어 주며 그 대가로 석유와 다이아몬드와 철광석을 공짜로 파내 갔고, 자기네 말을 잘 안 듣는 정부를 무너뜨리려고 반군에게 무기를 팔거나 대 주었다. 그 바람에 희생되는 건 애꿎은 백성들이었다. 갓난아기와 노인들이 죽고 아이들은 전쟁터에 끌려가 총을 들어야만 했다. 장담컨대 백인들이 싸움을 부추기지만 않았어도, 뒷구멍으로 무기를 팔거나 대 주지만 않았어도 아프리카에 요즘과 같은 피비린내는 나지 않을 것이다. 그런데도 백인들은 말한다. 아프리카에 내전이 잦은 건 그 땅에 사는 '흑인'들이 야만스럽기 때문이라고.

아프리카에 몹쓸 병이 돌아 많은 사람들이 죽어 가는 건 무슨 까닭인가? 옛날에는 아프리카를 '탐험'하고 '개척'하러 온 백인들이 병을 옮겨 와 퍼뜨린 탓에 면역력 약한 원주민들이 많이도 죽었다. 요새 아프리카에서 병에 걸린 사람들은 변변한 치료를 받지 못해 죽어 간다. 그 사람들 '의료수준'이 낮아서 그런 게 아니냐고? 정확히 말하면 백인들의 꼭두각시인 독재자들이 의약품을 너무 비싸게 팔아서 그렇다. 구호단체 같은 데서 약을 거저 보내 주어도 몇몇 권력자들 손아귀에 들어간 뒤 다시 터무니없이 비싼 값을 달고 나온다. 그러니 가난한 백성이 무슨 수로 치료를 받겠는가. 사정이 이러한데도 스스로 '문명인'이라 자랑하는 백인들은 의약품보다 무기 파는 일에 더 열을 올린다. 그래 놓고 백인들은 혀를 차며 말한다. 아프리카에 질병이 많은 건 그 땅에 사는 '흑인'들이 깨끗하지 못하기 때문이라고.

한번은 텔레비전을 보니 유럽 백인들이 만든 '야생동물보호단체'에서 아프리카의 '밀렵행위'를 막는다며 돌아다니더라. 몇몇 원주민들이 덫이나 올가미를 놓은 죄로 오라를 지고 끌려가던데, 나는 그 백인들 하는 고상한 일에 딴죽을 걸 마음은 조금도 없다마는 문득 이런 생각이 들었다. 한때 상아를 얻으려고 무수한 코끼리를 총으로 쏘아 죽인 사람들은 다름 아닌 백인들 아니었던가? 그 백인들은 아프리카 원주민들을 '길잡이'로 데리고 다니면서 그 짓을 하다가, 만약에 길잡이가 코끼리 있는 곳을 제대로 대지 않으면 채찍질도 서슴지 않았다던데? 그 백인들이나 이 원주민들이나 밀렵꾼인 건 매한가지다마는 딱 한 가지는 다르다. 백인들은 상아로 떼돈을 벌려고 그 짓을 했고, 원주민들은 다만 먹고살려고 그랬다. 어쩌면 백인들과 그 꼭두각시인 독재자들이 다 빼앗아 간 탓에 먹을 게 없어, 굶주리다 못해 사냥에 나섰는지도 모른다. 그것도 조상 대대로 살아온 자기 땅에서 말이다. 그걸 보고 백인들은 손가락질하며 말한다. 아프리카 야생동물이 멸종위기를 맞은 건 그 땅에 사는 '흑인'들이 동물 사랑할 줄을 모르기 때문이라고.

이렇듯 아프리카의 헌데 중 많은 것은 백인들 때문에 생긴 것이요, 그 편견 중 대부분은 백인들이 만든 것이다. 이 허깨비 같은 선입견이 일찍이 일제의 손을 거쳐 식민지 백성들 마음속에 '주입'되었다. 그것이 해방 뒤에도 아무런 반성 없이 이어져 오늘날 우리 마음에까지 스며들게 되었다. 해방 뒤 이 땅에서 권력을 틀어쥔 이들은 대부분 친일파의 후손들이었으므로, 이 편견은 외려 그들 지배를 정당화하는 데 도움이 될지언정 걸림이 될 리 없었다. 오늘날 높은 사람들이 아프리카 업신여기는 말을 예사로 하고, 족벌신문들이 걸핏하면 아프리카를 '암흑의 대륙'으로 묘사하는 까닭도 여기에 있다. 이 섣부른 '백인 흉내'는 권력과 돈 가진 이들에게는 재미일지 모르지만, 수많은 백성들에게는 자신에 대한 모욕이 된다. 이제 우리가 이것을 거부할 차례다. 아프리카는 결코 미개하고 야만스러운 땅이 아니다. 그러면 고귀하고 성스러운 땅이란 말인가? 아니다. 아프리카는 그저 우리와 똑같은 사람이 살아가는 한 대륙일 뿐이다. 이 별날 것 없는 상식이 상식으로 받아들여지지 못하는 것이 우리의 슬픈 현실이다.

아프리카 '비하'에 앞장서는 이 나라 높은 사람들에게 부탁한다. 웬만하면 아프리카는 그냥 내버려 두는 게 어떤가. 당신들이 좋아하는 미국, 일본 떠받드는 거야 굳이 말리고 싶지 않다마는, 애매한 남의 대륙 백성들 모욕하는 건 썩 아름다워 보이지 않아서 하는 말이다. 그런다고 동양인을 '노란 원숭이'라고 얕잡아 보는 백인들이 당신들을 '한편'으로 받아들여 줄 것 같은가? 천만의 말씀이다.

똑똑한 사람과 바보와 종

중국 문호 루쉰이 쓴 글 가운데 「똑똑한 사람과 바보와 종」이
라는 이야기가 있다. 줄거리는 이렇다.

남의 집 종살이하는 사람이 하루는 신세타령을 했다.

"나는 언제까지 이 꼴로 살아야 하나? 밥이라고는 하루 한 끼
먹을까 말까, 그것도 남이 먹다 남은 찌꺼기로……. 이게 무슨
꼴이람."

그 말을 들은 똑똑한 사람이 말했다.

"쯧쯧, 저런! 불쌍하기도 하지! 꾹 참고 견디면 반드시 좋은
날이 올 걸세."

며칠 뒤 종은 또 신세타령을 했다.

"아, 내가 사는 집은 외양간보다 못해. 방에는 창문 하나 없지. 이렇게 살아 뭣하나?"

그 말을 들은 바보가 말했다.

"이런 멍청이! 주인한테 창문 하나 내 달란 말도 못 해?"

바보는 당장 종과 함께 그 집으로 갔다. 그리고 곡괭이로 벽을 허물었다. 종이 깜짝 놀라 물었다.

"지금 뭐하는 겁니까?"

바보가 대답했다.

"자네 방에 창문을 내주려는 걸세."

그 말을 듣자 종은 울부짖으며 바닥에 데굴데굴 굴렀다.

"도와주세요! 강도가 와서 제 방을 부숴요! 꾸물거리다간 벽에 구멍 나게 생겼어요!"

다른 종들이 먼저 달려와 바보를 내쫓았고, 주인은 가장 늦게 천천히 나타났다. 종이 주인을 보고 말했다.

"강도가 집을 부수려 해서 제가 제일 먼저 소리를 질렀습죠. 저희들이 함께 강도를 몰아냈습니다."

주인이 종을 칭찬했다.

"그래, 잘했다."

그 소문을 듣고 많은 사람이 와서 종을 위로해 주었다. 그 가운데는 똑똑한 사람도 있었다. 종이 기뻐하며 말했다.

"지난번에 선생님이 그러셨죠. 나한테도 반드시 좋은 날이 올 거라고요. 그 말이 맞았어요! 이번에 제가 공을 세워 주인님에게 칭찬을 들었거든요."

똑똑한 사람도 웃으며 말했다.

"암, 그렇고말고. 꾹 참고 견디면 반드시 좋은 날이 오는 법이지."〔루쉰 산문집 『아침꽃을 저녁에 줍다』 114~117쪽 「총명한 사람과 어리석은 자, 그리고 노비」를 다듬고 간추림〕

루쉰의 다른 글과 같이 이 글도 지독한 풍자와 역설로 가득 차 있다. 조금만 주의를 기울여 읽어 보면 알게 된다. 여기서 똑똑한 사람은 다름 아닌 교활한 야바위꾼이요, 바보는 정직한 선각자를 빗댄 말임을. 옛날부터 권세에 빌붙어 백성을 속인 사이비 지식인은 똑똑한 체 행세했고, 백성을 깨우치려 애쓴 정직한 지식인은 바보나 강도(역적)로 몰리기 일쑤였다. 부도덕한 권력이 아첨꾼들을 교묘히 부려 먹는 것이나 올곧은 선비를 시기하여 해코지하는 것은 더 말할 것이 못 된다. 여기서 우리 눈길을 끄는 것은 종이다. 이 깨어나지 못한 종은 과연 행복할까? 상전에게 칭찬 듣는 것을 최고의 가치로 여기는 종은?

루쉰의 글 중에는 또 이런 것도 있다.

창문도 없고 당장 부술 수도 없는 쇠로 된 방이 있다. 그 안에는 많은 사람들이 깊이 잠들어 있다. 머지않아 모두 숨이 막혀 죽을 것이다. 하지만 모두 정신없이 잠들어 있으므로 죽어 가면서도 아픔이나 슬픔을 느끼지 못한다. 이때 당신이 만약 그 방 안에 있다면 어떻게 하겠는가? 크게 소리를 질러 그나마 잠이 얕게 든 몇 사람이라도 깨우겠는가, 아니면 모두 그대로 죽게 내버려 두겠는가? 만약에 잠든 사람을 깨워서 되레 크나큰 죽음의 고통을 겪게 한다면 도리어 미안한 일이 아닐까? 또는 몇 사람이라도 깨워서 그 쇠로 된 방을 부술 희망을 조금이라도 갖는 편이 나을까? 〔같은 책 235~236쪽 「철의 방에서 외치다」 가운데 한 대목을 추려 내어 다듬음〕

　루쉰의 물음에 대답하기 전에, 내가 겪은 일을 서너 가지 얘기하겠다.

　먼저, 몇 해 전 내가 사는 고장에 택시운전사들이 파업을 일으켰을 때 일이다. 바쁜 일이 있어 택시를 타고 가다가 운전사와 파업에 대한 얘기를 주고받았는데, 그때 운전사가 한 말이 이렇다. (그 운전사는 물론 노조원도 아니고 파업에 참여하지도 않은 사람이었다.) "파업하는 기사들 정신 좀 차려야 해요. 우리가 누구 덕에 먹고사는데 은혜를 원수로 갚아요? 지금 당장 내 손에 돈이 좀 적게 들어온다고 경거망동하면 못쓰지요. 꾹 참고 열심히 일하면 회사가 잘될 거고, 회사가 잘되면 우리 수입도 늘어날 것 아닙니까?" 그래도 회사가 너무 심하게 운전사들이 벌어들인 돈 (그때는 '사납금'이라 했다)을 빼앗아 가면 안 되잖느냐 했더니, 돌아오는 대답이 이랬다. "요새 세상이 좋아져서 아무나 평등 평 등 하는데, 사주하고 기사하고 어떻게 같아요? 사주가 어디 회 사를 거저 차렸습니까? 그만큼 밑천 들이고 애쓰고, 또 그 사람 들 배우기는 얼마나 많이 배웠습니까? 우리 같은 사람은 다 못 배우고 못나서 이런 일 하잖아요. 이만큼 먹고살게 해 주는 것만 도 고마운 줄 알아야지요."

두 번째는 몇 달 전 철도노조가 파업을 일으켰을 때 이야기다. 기차역에서 택시를 탔더니 운전사가 또 파업 얘기를 꺼냈다. 파 업 때문에 기차 타기 힘들지 않았느냐 해서 전혀 그렇지 않다 했 더니(정말로 전혀 불편은 없었다) "그 사람들 경위에 없는 파업을 하는 것 아니냐?"고 했다. 그래서 내가 알기로 공사 쪽에서 갑자 기 까닭 없이 단체협약을 깼고, 그런 상황에서 파업을 안 할 도 리가 있겠느냐 했더니 이상하다는 듯 날 쳐다봤다. 자기가 며칠 째 손님들을 태우고 다니면서 얘기를 해 봤는데 이렇게 말하는 사람은 처음 봤다는 깃이있다. 다늘 '국민의 발목을 잡고 명분 없는 파업을 일으키는 귀족노조'(이건 철도나 지하철 파업이 일어 날 때마다 족벌신문들이 즐겨 쓰는 표현이다)를 나무라면서 나라에 서는 뭘 하는지 모르겠다, 빨리 법대로 주동자 잡아넣든지 모가 지 자르든지 해서 파업 끝내도록 해야 할 것 아니냐고 분통을 터뜨리더라는 것이다. 그러면서 운전사는 자기도 전에 택시노조 일을 해 봐서 아는데, 회사에서 까닭 없이 단체협약 깨면 파업해야지 어떡하느냐고 고개를 끄덕였다. 그러면서 이렇게 덧붙였다. "내 차 타는 손님들 다 부자 아니고 높은 사람 아닐 텐데, 그중에는 노동자도 있었을 테고 노동자 가족도 있었을 텐데, 왜 그렇게 죽자고 노조만 나무라는지 모르겠어요."

한 가지만 더. 옛이야기를 들으러 시골마을에 가서 할아버지들을 만나면(할머니들은 안 그렇다) 십중팔구 그중에는 '비분강개'파 노인들이 있다. 그 사람들은 대개 족벌신문깨나 읽어 '시국'에 대해 관심이 많고 '김정일'과 '빨갱이'만 때려잡으면 이 세상은 천국이 된다고 믿는 이들이다. 그이들한테서 자주 듣는 말 가운데는 이런 것도 있었다. "한국 사람은 그저 독재를 해야 돼. 거 박대통령 때 봐요. 꽉 틀어쥐고 영을 딱 세우니까 나라가 얼마나 잘 돌아갔어? 민주주의니 뭐니 풀어 놓으면 엉망 된다고. 위아래도 없고 무서운 것도 없고……. 그러니 한국 사람은 그저 독재를 해야 돼, 독재를." 그 '한국 사람' 안에 자기도 들어가는지는 안 물어봤지만, 내 눈으로 보아 그이도 한국 사람이 틀림없었다.

요새 서양에서 들어온 이상한 병 이름 가운데 '매 맞는 아내 증후군'이라는 게 있다. (이름이 요새 들어왔다는 것이지 병이 요새 들어왔다는 뜻은 아니다. 병은 오래전부터 이 나라에 있었을 거다.)

이게 뭔고 하니, 오랫동안 남편의 폭력에 시달리던 아내가 어느 순간 그 폭력에 적응해 가는 증상이란다. 폭력의 원인이 자신한테 있으므로 남편의 폭력은 정당하다고 믿게 된다는 것이다. 그래서 매를 안 맞으면 오히려 불안해한다는 것이다. 자신을 볼모로 삼고 폭력을 휘두른 '납치범'에게 오히려 동지의식을 느낀다는 '스톡홀름 증후군'과 비슷한 증상인 것 같다.

종살이를 오래 한 사람에게 자유를 주니 어쩔 줄을 모르다가 다시 옛 주인한테로 돌아가더라는 애기는 별난 것도 아니다. 종살이 버릇이란 이만큼 무서운 것이다. 그것은 사람한테서 '자기다움'을 빼앗아 가 버린다. 몸은 자신이되 머리는 지배자의 것이 되는 것이다. 종은 상전처럼 생각하고, 백성은 독재자처럼 생각하고, 노동자는 자본가처럼 생각하고, 여자는 남자처럼 생각한다. 그래서 종은 '상전에게 사랑받는 것'을, 백성은 '권력자에게 충성하고 복종하는 것'을, 노동자는 '자본가의 이익을 위해 희생하는 것'을, 여자는 '남자에게 매여 사는 것'을 행복으로 여긴다. 슬픈 일이다.

힘으로 억눌러 억지로 그 마음을 병들게 했으므로, 이 경우 종노릇하는 사람을 나무랄 수는 없다. 병은 나무란다고 고쳐지는 게 아니기 때문이다. 죄는 오로지 폭력을 휘둘러 약자에게서 자유의지를 빼앗아 간 쪽에 있다. 하지만 지배당하는 사람이 스스로 굴종의 길을 선택한다면 어쨌든 희망은 없다. 종이 자신을 위해 창문을 내어 주려는 동무를 강도로 몰아 내쫓고 상전에게 달려가 칭찬을 구걸하는 한, 백성들이 스스로 독재자를 불러들여 그 발에 입 맞추는 한, 그리고 여자가 스스로 남자의 매질을 정당하다고 여기는 한 이들에게 앞날은 없다.

이제 또다시 이 땅에는 선거철이 다가온다. 언제나 그렇듯이 거리에는 확성기 소리 요란할 것이고, 출근길에는 똑같은 옷을 입은 아주머니들이 줄지어 서서 손을 흔들며 구십 도로 절을 할 것이다. 신문과 방송에는 잘 차려입은 후보들이 나와 웃음 띤 얼굴로 '선심성 공약'을 내놓으며 '장밋빛 미래'를 약속할 것이고, 저잣거리에는 어깨띠 두른 신사숙녀들이 떼 지어 나타나 환한 웃음으로 악수를 청할 것이다. 이제 앞날은 투표하는 이들에게 달렸다. 만약 투표하는 사람들 중에 자유인들이 많다면 그이들을 대신할 '대표'가 뽑힐 것이고, 만약 종들이 더 많다면 그이들을 다스릴 '상전'이 뽑힐 것이다.

그리고 우리에게는 한 가지 선택이 더 남았다. 쇠로 만든 방에 갇힌 이웃들을 깨울 것이냐 말 것이냐? 깨운다고 깰 것 같지도 않고, 어쩌면 공연히 잘 자는 사람 왜 귀찮게 하느냐고 싸움을 걸어올지도 모르고, 게다가 설령 깬다 해도 더 고통스러워하지나 않을지? 그렇다고 쇠 방에 갇혀 천천히 죽어 가는 것을 그냥 보고만 있어야 하나? 어려운 선택이다. 하지만 답이 없는 건 아니다.

세상 모든 일이 '남의 일'이 아닌 까닭은?

너무 '쿨'한 당신

문제를 하나 풀어 보시기 바란다. 문제라니까 썩 반갑진 않겠지만 그냥 재미 삼아, 다음 ( ) 안에 알맞은 말을 넣어 보시라.

( )들이 뭉쳤다. 똘똘 뭉쳤다. 한배를 탔다는 것을 모두가 절실히 느끼는 듯하다. 자신들을 지키기 위해, 이들은 마치 비밀작전이라도 펴듯이 정보를 나누고 동료에게 무슨 일이라도 생기면 몸을 던져 뒤를 봐준다. 공동의 이익을 위해 때로는 법을 무시하거나 어기는 일도 마다하지 않는다. 아무도 이들의 연대를 막지는 못할 것 같다.

어떤 말을 넣으셨는가? 노동자? 서민? 학생? 다 틀렸다. 정답은 '부자'다.

농담 아니다. 요새 세상 돌아가는 꼴 보면 정말로 그렇다. 구호로 치자면 "만국의 부자여, 단결하라."까지는 아니더라도 "대한민국 부자여, 뭉치면 살고 흩어지면 죽는다."쯤은 되고도 남는다. 이 대목에서 혹시라도 "나도 번듯한 집 한 채 있고 억대 넘는 저금 있지만 아무하고도 손 안 잡았는데?" 하고 고개를 갸웃거리는 분은 안 계시겠지? 여기서 말하는 부자는 재벌, 준재벌, 고위층, 특권층, 족벌신문 사주 같은 '대한민국 1퍼센트'를 말한다.

설마 하시는 분들을 위해 한 가지 보기를 들겠다. 얼마 전 어떤 저축은행이 문을 닫게 되자 부자들은 똘똘 뭉쳐 서로 정보를 알려 주고 뒤를 봐주며 서민들 몰래 돈을 빼내어 나누는 방식으로 저희들 주머니를 채웠다. 덕분에 그이들 재산은 끄떡없다. 애꿎은 서민들 가슴엔 피멍이 들었지만, 어쨌든 그 과정에서 부자들끼리 '개인플레이'는 없었다. 서로 굳건히 손잡고 단결을 자랑했다.

무슨 말인지 잘 모르시겠다고? 그러면 차근차근 다시 설명드리겠다. 높은 벼슬아치들이 어떤 은행 문을 닫기로 결정하자마자 그 정보가 '빛의 속도'로 부자들에게 전해졌고, 돈은 일사천리로 빠져나갔다. 몇 백 몇 천억 원이 이렇게 빠져나가는 동안 서민들은 아무것도 몰랐다. 적금 부은 돈 몇 백 몇 천만 원씩 넣어 두고 애지중지하던 '대한민국 99퍼센트'들은, 그 바람에 피 같은 돈을 곱다시 빼앗겼다. 아직도 모르시겠는가? 은행 문 열 고 닫는 걸 결정할 만큼 힘 있는 사람이 누구일 것 같은가?

신문을 보니 그 은행 말고도 많은 은행이 '영업정지' 처분을 받기 오래전부터 뭉칫돈이 슬슬 빠져나가기 시작했다 한다. 그 러니까 세상에 알려진 영업정지 전날 마감시간 뒤의 '불법인출' 은 그야말로 새 발의 피란 얘기다. 또 나라에서 그 은행 감사를 할 때는 감사에 관련된 '기밀문서'가 미리 은행으로 넘어갔으며 '적발되지 않게 잘 감추라'는 훈수도 버젓이 전해졌다 한다〔한겨 레신문〕. 뒤늦게 높은 사람들이 나서서 철저 수사니 뭐니 화를 내 는 척하더라만 그게 다 눈가림이고 연극이란 걸 모르는 사람은 없다.

이쯤 되면 속에서 무엇이 치받고 올라오지만, 사실 이런 일이 아주 없으리라고 믿었다면 그건 너무 순진한 거다. 이 정부 들어 비즈니스 프렌들리니 뭐니 하면서 부자들 세금 다 깎아 주고 '금 산분리 완화'니 '신방겸영 허용'이니 '출자총액제한 폐지'니 무엇 이니 하면서 부자 중의 상부자만 싸고돌 때 알아봤어야 했다. 재 벌과 높은 벼슬아치와 족벌신문이 똘똘 뭉쳐 형님 먼저 아우 먼 저 굳건한 연대를 이루며 '공동이익'을 꾀해 왔는데, 무슨 일인 들 안 일어나겠는가?

부자들이 그렇게 단결해서 서로 밀어 주고 당겨 주고 누이 좋아 매부 좋아 하는 사이에 서민들은 어떻게 됐을까? 믿기지 않 겠지만 뿔뿔이 흩어졌다. 흩어져서 저마다 제 앞가림하느라고 정신이 없다. 정말이다. 요새 서민들은 자기 먹고살기 바빠서 옆 에서 누가 죽든 살든 상관 안 한다. 아니 못 한다. 함께 살기? 연 대? 그런 건 잊은 지 오래다. 하긴, 남의 일에 관심 없으니 몹시 '쿨'하긴 하다.

이 대목에서 또 설마 하는 분이 있을지 몰라서 말해 드리겠다. 당신은 '김주현'이라는 이름을 아시는가? 또 '김훈철'이라는 이 름은? '박지연'은? 이 가운데 하나라도 알고 있다면, 당신은 참 으로 '웜'한 시민, 다시 말해 이웃과 사회에 따뜻한 관심을 쏟을 줄 아는 서민이다. (당신이 서민이라면 말이다.) 만약에 하나도 모 른다고 해도, 그건 결코 당신 책임이 아니다. 요새 신문에 그런 이름 눈 씻고 봐도 안 나온다. 방송은 더하다. 오사마 빈 라덴이 죽기 전에 차에 설탕을 몇 개 넣어 마셨는지, 연예인 아무개가 생일날 입은 옷에 단추가 몇 개 달렸는지는 시시콜콜 잘도 알려 주더라마는.

그래서 나라도 아는 대로 알려 드리런다. 김주현 씨는 삼성전 자 천안공장에서 일하다가 얼마 전 공장 기숙사에서 뛰어내려 스스로 목숨을 끊었다. 하루 열네댓 시간씩 일하며 극심한 스트 레스에 시달리다가 피부병과 불면증을 앓았고, 결국 '스트레스 로 인한 우울증' 진단을 받고 병원에 다니며 일하던 중 숨졌다.

그이가 죽기 전에 남긴 말은 "내가 생각하던 삼성이 아니다."였단다.

김훈철 씨는 케이티 여수지사에서 일하다가 얼마 전 스스로 목숨을 끊었다. 토요일도 일요일도 없이 쉬지 않고 일하다가 몸과 마음이 극도로 지친 상태에서 식구들에게 "너무 힘들어 쉬고 싶다."는 말을 남기고 저세상으로 갔다. 박지연 씨는 삼성 반도체공장에서 일하다 '급성 골수성 백혈병'이라는 희귀병을 얻어 병과 싸우던 중 지난해 끝내 숨졌다. 같은 공장에서 일하던 여러 사람이 같은 병을 얻어 고통받고 있는데도 삼성은 아직까지 산업재해로 인정하기를 거부하고 있다.

얘기하자면 끝도 없다. 지금도 위험천만한 곳에 올라가 목숨 걸고 싸우는 노동자들이 있다는 사실을 당신은 알고 있는가? 대우조선 하청노동자들은 "노동자 삶이 자본 이윤보다 소중하다."고 외치며 고압송전탑에 올라 기약 없는 농성을 벌이고 있다. 이들은 다만 하청노동자들의 비참한 노동조건을 고발하고 노동조합을 꾸리려 했다는 까닭만으로 회사로부터 해고당했다.

또 한진중공업 노동자들도 부당한 정리해고 무효를 주장하며 죽음을 무릅쓰고 높은 곳에 올라가 있고, 현대자동차 비정규직 노동자들도 정규직화를 요구하며 농성을 벌이고 있다. 이들이 바라는 것은 단 한 가지, 회사가 대법원 판결을 받아들이라는 것이다. 회사가 법원 판결까지 무시하며 자신들을 몰아내는 상황에서 노동자들이 할 수 있는 일이 농성밖에 없다니! 이 나라 벼슬아치들은 다 누구 편인가?

그뿐 아니다. 용산의 한 맺힌 넋은 아직도 허공을 떠돌고, 마치 전쟁 같은 '강제해산'을 당한 뒤 몸도 마음도 만신창이가 된 쌍용차 노조원들은 오늘도 병과 스트레스에 시달리며 죽음의 문턱을 넘나들고 있다. 어디 그뿐인가. 이랜드와 기륭전자 노동자들의 풀리지 않는 한은 어찌하며, 수많은 청소노동자와 이주노동자들의 '우리도 사람'이라는 울부짖음은 또 어찌하나. 그리고 최저임금에도 못 미치는 돈을 받으며 인권유린에 시달리는 어린 시간제 노동자들은? 일제고사를 반대하다가 파면된 뒤 아직 학교로 돌아가지 못하고 있는 사립학교 선생님들은?

사정이 이러한데도 많은 노동자 서민들은 '함께하기'보다 '실리 찾기'에 더 바쁘다. 무슨 말이냐고? 이를테면 얼마 전엔 '제3노총'이란 게 생긴 모양이더라. 그게 뭔고 했더니 일부 노동자들이 노동조합연맹을 깨고 나와 새살림을 차렸다는 얘기다. 새살림이야 열 번 차리면 어떻고 백 번 차리면 어떠냐마는, 그 차린 까닭을 들어 보니 영 아리송하다. 지금까지 노동운동이 '정치 이념 투쟁과 귀족 노동운동에 매몰'된 것이 못마땅해 '상생과 협력을 주도'하는 '선진 노동운동'으로 거듭나려고 그런단다. 또 '현장과 괴리된 정치 이념적 강성투쟁보다는 사측과 상생을 통해 근로조건 개선 등 실리를 중시'하겠다고 다짐도 한단다[연합뉴스].

글쎄, 남과 더불어 살자는 걸 두고 설마 '정치 이념 투쟁'이라 한 건 아니겠지? '선진 노동운동'이니 '상생'이니 하는 건 어디서 많이 들어 본 소리다마는 아무려나 몸담고 있던 연맹을 깨고 나올 때는 다 그만한 까닭이 있어서이리라. 족벌신문들이 잘했다고 입에 침이 마르도록 칭찬을 늘어놓는 걸 보면 뒷맛이 썩 개운치는 않은데, 어쨌든 노동자들이 스스로 내린 판단이니 존중할 수밖에 없다. 그런데 왜 노동자들이 갑자기 '실리'를 챙기겠다고 동료를 버리고 뿔뿔이 흩어지는지는 알다가도 모를 일이다.

들자니 요새 들어 시민단체 활동도 몹시 쪼그라들었다 한다. 나라에서 예산을 안 줘서 형편이 어렵다는 건 다 알지만, 그래도 그렇지 시민단체마다 회원 수도 줄고 후원금도 줄어서 '존폐 위기'에 빠졌다니 어떡하나? 정말 큰일이다. 내 일 아니라고 다들 팔짱 끼고 '쿨'하게 구는 건 좋지만 시민들이 뿔뿔이 흩어지면 시민운동이 죽고, 시민운동이 죽으면 시민도 죽을 텐데……

시민들뿐 아니다. '쿨'하기로 말하면 대학생들도 만만치 않다. 사람 잡는 등록금 좀 깎아 달라고 학우들이 머리 싸고 시위하는 곁으로 많은 대학생들이 아무 일 없다는 듯 '토익책' 끼고 '스마트폰' 들고 '스타벅스 커피점'을 향해 종종걸음을 치니, 이만하면 꽤나 '쿨'하지 않나? 실제로 우리나라 대학생 중 절반 가까이가 '현실 정치에 관심 없다'고 한다는데(경향신문), 그럼 무엇에 관심 있는지 궁금하다.

　미안하다. 지금까지 조금 나무라는 투로 말했지만 나는 안다. '불의는 참아도 불이익은 못 참는' 당신 또한 이 야만스런 사회의 피해자라는 걸. 우선 내 코가 석 자인데 뭘 어쩌란 말이냐는 말에 열 번 스무 번이라도 고개를 끄덕일 수 있다. 돈 잘 벌고 취직 잘되고 자식 교육 걱정 없어지면 남의 아픔도 돌보겠노라는 말의 진정성을 의심하는 것도 아니다. 나 또한 당신만큼이나, 아니 당신보다 더 비겁한 구경꾼이다.

🎯 전체주의는 우리를 어떻게 길들이는가?

당신은 누구의 아들딸입니까?

지난 겨우내, 겨울올림픽에 쏟은 사람들의 관심과 애정은 참 대단했다. 한 며칠 동안은, 거짓말 안 보태고 온 나라 사람들 눈과 귀가 거의 얼음판에 쏠려 있었던 것 같다. 심지어 겨울올림픽이 끝나자 이제 무슨 재미로 사느냐고 푸념하는 사람도 있다니 더 무슨 말을 하랴. 아닌 게 아니라 한동안 신문과 텔레비전을 뜨겁게 달군 이 '영웅'들의 '승전보'는 참으로 우리 같은 보통 백성들을 감동시키기에 모자람이 없었다.

신문과 텔레비전이 전하는 선수들 모습은 과연 굉장했다. '오늘의 영광'이 있기까지 그이들은 수많은 나날을 '뼈를 깎는 훈련'과 '자신과의 처절한 싸움'으로 보냈다니 그게 어디 예삿일인

가. 신문과 텔레비전은 그이들 부르튼 발과 온몸에 난 생채기를 감동스럽게 보여 주며, '승리'는 결코 거저 얻는 것이 아니라 '쟁취'하는 것임을 우리에게 가르쳤다. 선수들이 시상대 위에서 눈물을 글썽일 때 우리는 함께 눈시울을 붉혔고, 그이들이 태극기를 들고 경기장을 한 바퀴 돌 때 우리는 손바닥이 아프도록 손뼉을 쳤다.

운동경기가 그렇게까지 '장엄'해야 하나, 그저 재미있게 즐기면 안 되나 싶기도 하지만, 뭐 여기까지는 공연히 트집 잡기 좋아하는 나도 별로 딴죽을 걸고 싶지 않다. '메달'이란 걸 못 딴 선수들이 찬밥 신세가 되는 것과, 그보다 아예 '국가대표'에도 들지 못한 선수들은 무대 근처에 얼씬도 못 하는 게 조금 불만이긴 하지만, 어차피 운동경기란 게 그런 것이니 어쩌랴. 하지만 그 선수들이 모조리 '대한의 아들딸'이 되면서부터는 아무리 안 그러려고 해도 고개가 자꾸만 갸웃거려진다. 그이들이 '대한의 아들딸'이라고? 자기네 양친부모의 아들딸이 아니고?

게다가 안 들으려 해도 자꾸만 귀를 어지럽히는 말이 있다. 선수들이 이룬 승리가 곧 나라 위신과 체면을 드높인다는 말이다. 메달 개수를 세어 '등수'를 내고 우리가 어느 나라를 이겼느니 졌느니 하는 건 예사이고, '국격'이 어쩌고 '국위'가 어쩌고 하더니 드디어 아무개 선수가 금메달 딴 것을 돈으로 치면 몇 조 원어치요 외교활동으로 치면 유능한 장관이 몇 해 동안 일한 것과 맞먹는다는 말까지 나오더라. 심지어 높은 권력기관에 있다는 사람은 이게 다 정부와 권력자가 나라를 잘 다스린 덕분이라는 말까지 했다. 하도 뜬금없는 소리라 아직도 어안이 벙벙하다. 그 사람들이 정말 제정신으로 그런 소릴 했을까?

그런데 그렇게 말하는 이들이 누구인가 했더니 거의가 힘세고 돈 많은 사람들이더라. 권력자와 재벌, 족벌신문과 텔레비전이 입을 모아 '대한의 아들딸'을 부르짖고 '그이들 승리가 곧 우리 승리'라고 말하는 것이다. 어떤 재벌은 메달 딴 선수에게 딱 그 값어치만큼 돈을 내놓기도 했다. 일반 백성들이야 먹고살기 힘 드니까 운동경기나 보면서 즐기자는 것이지, 정말로 선수들이 우리 '아들딸'이고 그이들 성공이 곧 우리 성공이라고 생각하지 는 않는다. 어쩌다 정말 그렇게 여기는 사람이 있대도, 아마 십 중팔구는 신문과 텔레비전이 하도 떠드니까 그냥 그런가 보다 했을 것이다.

여기 재미난 신문기사가 하나 있다. 처음에는 텔레비전에서도 선수들 메달 딴 것을 그다지 크게 다루지 않았는데, 청와대에 있 는 높은 사람이 '금메달 축소보도의 문제점을 지적한 후'부터 열 을 내어 내보이기 시작했다는 것〔경향신문〕이다. 이쯤 되면 우리 가 아무리 바보라도 한 가지 짐작되는 게 있다. "옳아, 선수들이 메달을 많이 따고 그걸 야단스럽게 추키면 그 사람들한테 뭔가 득이 되는 게 있나 보구나." 그게 뭔지는 모르지만, 어쨌든 '대한의 아들딸'은 우리 백성들 말이 아니라 '높은 사람들' 말이라는 건 거의 확실하다.

여기서 잠깐 옛날이야기를 좀 해야겠다. 옛날이야기라야 한 삼사십 년 전 것이지만, 그때 이런 우스개 물음이 있었다. "너는 왜 태어났니?" 정답은 이렇다. "민족중흥의 역사적 사명을 띠고." 그때 온 백성들이 앵무새처럼 외워야 했던 '국민교육헌장'이란 게 있었는데, 그 첫 문장이 이렇게 시작되었던 것이다. "우리는 민족중흥의 역사적 사명을 띠고 이 땅에 태어났다." 바로 그때 학생이었던 나는 '자랑스러운 대한의 아들딸'이란 말을 참 많이도 들었다. 아무리 생각해도 나는 우리 어머니 아버지의 아들이었건만 말이다. 학교 선생이 된 뒤에는 '겨레의 스승'이라는 말을 귀에 딱지가 않도록 들었는데, 바로 그 '겨레의 스승'이 선거철이 되면 정부 여당 홍보하러 동네방네 돌아다녀야 했다.

내친 김에 옛날이야기 좀 더 해야겠다. 베트남전쟁 때는 온 국민이 귀가 아프도록 들은 말이 있다. 바로 '자랑스러운 대한의 아들'과 '대한의 용사'이다. 미국을 도우려고 베트남전쟁에 나간 우리 젊은 군인들을 일컫던 말이었다. 그때 어린 학생이었던 나는 거의 날마다 "자유통일 위해서 조국을 지키시다 조국의 이름으로 임들은 뽑혔으니……."로 시작되는 '맹호부대 노래'를 목청껏 부르며 골목을 쏘다녔다. 이 나라 정부는 그때 남의 나라 전쟁터에 보낸 젊은이들을 정말로 '대한의 아들'로 여겼던 것일까? 정말로 부모 마음이라면, 과연 '필리핀군이나 태국군의 30~40퍼센트밖에 안 되는 싼 월급에 젊은이들을 죽음터로 내보낸 대가로 10억 달러를 벌어들였다고'〔한홍구, 『대한민국사2』 39~41쪽〕자랑할 수 있을까?

그렇다. '대한의 아들딸' 같은 말은, 두말할 것도 없이 전체주의 또는 국가주의 이념이 만들어 낸 말이다. 그 이념에 따르면 '국민'은 태어나면서부터 모두 '나라'의 것이니 마땅히 '나라의 아들딸'이 될 수밖에 없는 것이다. 그런데 참 이상한 일이 있다. 나라 안 '모든 국민'이 나라의 것이냐 하면 그건 또 아니다. 어떤 사람들은 '나라' 밖에 있고 또 어떤 사람들은 '나라' 위에 있다. 만약 그이들한테 보통 '국민'들이 겁도 없이 과실을 똑같이 함께 나누자고 했다간 당장 주리가 틀릴 각오를 해야 한다. "이게 감히 어딜 넘봐?"

그러니까 전체주의 또는 국가주의는 힘없는 백성들에게만 강요되는 것이고, 정작 힘센 사람들은 개인주의의 단술에 취해 끝없는 자유와 이익을 누린다. 자신들에겐 치레로 남겨 놓은 작은 규세마서 다 벗겨 내 버리고, 백성들 모두 지키라고 만든 법조차 지키지 않는 것을 보면 틀림없이 그렇다. 그러면 보통 백성들은 뭐냐? 어떨 때는 '대한의 아들딸'이고 어떨 때는 종보다 못하다. 그럼 어떨 때 아들딸이고 어떨 때 종보다 못한가? 그건 말 그대로 '그때그때 다르다'.

그래서 나는 감히 당신에게 권한다. 이제부터 만약 누군가 당신에게 '대한의 아들딸'이라고 말하더라도 그 말에 넘어가지 말기 바란다. 그 말에 넘어가는 순간 당신은 어쩌면 '용병'이 될지도 모른다. 전체주의 망령은 반드시 나라에만 떠도는 게 아니므로, 이를테면 누군가 당신에게 '우리 고장의 아들딸'이라고 해도 또한 속지 말아야 한다. 직장에서 '우리 회사의 아들딸'이라고 해도, 학교에서 '우리 학교의 아들딸'이라고 해도 매한가지다. 당신은 그 어느 집단의 아들딸도 아닌, 바로 당신 부모의 아들딸이니까. 그리고 무엇보다도 당신은 '당신 자신'이니까.

나는 젊었을 때 걸핏하면 우리 집 아이들에게 이렇게 말했다. "네가 밖에서 잘못을 저지르면 우리 집이 욕먹는다." 또 학교 아이들에게는 이런 말도 했다. "너희들이 우리 학교 이름이나 우리 반 이름을 빛낼 수도 있고 더럽힐 수도 있다." 이제 와서 그 생각을 하면 얼굴이 화끈거릴 만큼 부끄럽다. 나는 왜 그 아이들을 '그 아이 자신'으로 존중해 주지 못했을까? 우리 집 아이가 잘못을 저지르든 착한 일을 하든 그 아이 문제란 걸 왜 깨닫지 못했을까? 학교 아이들이 무슨 일을 하건 그 아이들 자신의 일이란 걸 왜 인정해 주지 않았을까?

다시 겨울올림픽 이야기로 돌아가, 그 선수들을 자신의 용병 또는 메달 따는 기계라 여기는 '높은 사람들'에게 부탁한다. 그 선수들은 당신들 명령을 받들고 싸움터에 나간 병사도 아니요,

당신들 이름을 빛내려고 메달을 따러 간 로봇도 아니다. 또 '국격'과 '국위'를 드높이려고 비장한 각오로 거기에 간 것도 아니다. 그이들은 그냥 운동하러 갔다. 즐기게 놔두어라. 돈을 벌러 갔대도 마찬가지다. 그냥 돈 벌어오게 놔두어라. 그이들은 '대한의 아들딸'이 아니라 자기네 양친부모의 아들딸이다. 그리고 무엇보다도 '그이들 자신'이다. 그러니 이제 그만 선수들을 그 부모에게, 또 그 자신에게 돌려주어라.

사람은 전체주의 사슬에서 풀려나야 사람이다.

진영논리

이른바 지식인들이 자주 입에 올리는 말 가운데 '진영논리'라는 게 있다. 이를테면 "진영논리에 갇혀 시야가 좁아졌다."거나 "진영논리에 빠져 중도층을 끌어안지 못한다."는 식인데, 하나같이 뭔가를 나무랄 때 쓰는 걸 보면 그 진영논리라는 게 참 나쁘긴 나쁜가 보다. 그런데 진영논리가 뭐지? 똑똑한 사람들 말이니 뭔가 더 깊은 뜻이 있는지는 모르지만 내 생각엔 그저 '편 가르기'나 '편들기'란 말 같다.

그러니까 위 말도 뜯어보면 어느 한쪽 편을 드느라고 넓게 보지 못한다, 편드는 일에 빠져 중간에 있는 사람들을 끌어들이지 못한다, 그런 얘기 같다. 들어 보면 어디 하나 그른 데 없어 보인다. 어느 한쪽으로 쏠리지 말고 공변되게 하라는 말에 무슨 허물이 있을쏘냐. 잘못이 있어도 우리 편이면 눈감고, 별것 아니어도 저쪽 편이면 덮어놓고 공격하면 안 된다는 것쯤은 어린아이도 안다. 그런데 이 말을 들을 때마다 나는 몹시 찜찜하다. 왜?

문제는 이런 말이 언제나 약자들을 겨냥해 그 힘을 빼놓는다는 데 있다. 이를테면 선거에 진 쪽, 힘에서 밀리는 시민운동이나 노동운동 쪽에 대고 이런 말이 나온다는 얘기다. "너희들이 진 건 진영논리에 빠져서야.", "진영논리에 매달리지 말고 좀 더 유연해져야 해." 자칭 지식인들이 더 열을 올려 그런다. 그 말을 듣는 쪽은 적잖이 당황하게 된다. 정말 우리가 진영논리 때문에 졌단 말인가? 그럼 앞으로는 너무 편을 들지 말아야겠네? 그런데 정말 그럴까?

예로부터 편 가르기는 언제나 힘센 쪽에서 시작해 왔다. 약한 쪽에서 먼저 편을 가르는 법은 없었다. 무조건 손해이기 때문이다. '인종분리'를 유색인이 시작했던가? '양성차별'을 여자들이 부추겼던가? '신분제도'를 하층민이 만들었던가? 시민운동이나 노동운동도 마찬가지다. 이들 약자들이 내세우는 건 하나같이 '같이 살자'는 부르짖음이다. "제발 편 가르지 말고 함께 살자!" 그 간절한 외침을 힘센 쪽에서 받아들이지 않고 편을 갈라 내몰아 온 것이 차별의 역사다.

강자들은 어쨌든 편을 갈라야 득을 본다. 백인이 유색인을, 남자가 여자를, 귀족이 하층민을 차별한 것은, 바로 그렇게 해야 기득권을 빼앗기지 않고 제 몫을 지킬 수 있기 때문이다. 자기들을 둘러싼 울타리가 느슨해지는 순간 금 밖으로 내몰렸던 약자들이 몰려와 몫을 요구할지 모르므로 그 울타리는 튼튼하지 않으면 안 된다. 이것이 편 가르기의 속내다.

하지만 만약 세가 불리해지면 강자들은 재빨리 이렇게 말한다. "우리는 하나다, 뭉치자." 이를테면 일제는 처음에 식민지 백성들을 철저히 '분리'하는 정책을 썼다. 그러다가 삼일운동이 일어나고 조선 민중들 움직임이 심상치 않자 얼른 '통합'을 외쳤다. 이른바 '내선일체' 정책이다. 그러면서 '조선은 일본과 다르다'고 말하는 사람들을 잡아갔다. 기껏 몇 십 년 전까지만 해도 미국은 흑인들이 백인과 같은 식당에서 밥을 먹는 것조차 법으로 금지했다. 그러다가 베트남과 이라크 같은 곳에 전쟁을 일으키고는 '우리는 다 같은 미국인'이라며 흑인들을 전쟁터로 데려갔다.

그러다가도 언제든지 필요만 하면 기득권의 울타리는 다시 겹겹이 쳐진다. 특히 힘겨룸이 일어나 상대편 힘을 빼놓을 필요가 있을 때, 그 울타리는 교묘하게 영역을 넓힌다. 왜 노동쟁의가 일어나고 연대의 움직임이 보일 때마다 사안과 전혀 관계없는 '외부 불순세력 책동'이 들먹여지는지? 왜 선거 때만 되면 '종북'몰이가 기승을 부리는지? 그런 편 가르기 수법에 무너지지 않기란 우리 현실에서 사실 어렵다.

 사정이 이러한데도 진 쪽에다 편 가르기의 허물을 뒤집어씌우는 건 온당치 않다. 그건 토끼가 호랑이한테 잡아먹혔다고 토끼를 나무라는 것과 다르지 않다. "그러게 진작 편을 갈라 싸우지 말고 호랑이랑 사이좋게 지내지 그랬니? 그랬으면 안 잡아먹혔을 것 아니냐?"고 하는 건 말이 안 된다. 그건 '말리는 시누이'처럼, 잡아먹는 호랑이보다 더 나쁘다. 패자를 두 번 죽이는, 그 상처에 소금을 뿌리는 악담이다. 게다가 명백한 거짓말이다. 아무리 사이좋게 지내려 해도, 그 종이 되어 발바닥을 핥지 않는 한, 토끼가 호랑이에게 잡아먹히지 않을 방도는 없다.

 편 가르기는 나쁘다. 그것은 자기와 다른 쪽을 모조리 적으로 돌리는 야만이기 때문이다. 생각이 다르다고 편을 갈라 내모는 건 살색이 다르다고, 종교가 다르다고, 성별이 다르다고 상대를 짓밟는 것과 조금도 다르지 않다. 그래서 우리는 편 가르기를 미워한다. 그리고 반대한다. 정말이지 우리는 함께 살고 싶다. 그러니 부디 우리더러 편을 갈라 싸웠다고 나무라지 마라. 굳이 나무라려면 애당초 편을 가른 쪽, 우리를 발길질하여 쫓아낸 쪽을 나무라라. 그런다고 그 사람들이 마음을 돌리진 않겠지만.

 그래서 편들기가 필요하다. 그렇다. 편 가르기는 나쁘지만 편들기는 필요하다. 이미 편이 갈린 다음에는, 힘센 편으로부터 내몰린 사람들끼리 힘을 합쳐야 한다. 약자들끼리 서로 편을 들어

주어야 한다는 말이다. 그것이 바로 함께하기(연대)다. 그렇게 손을 잡지 않으면 약한 이들은 버텨 낼 수가 없다. 편들지 않는다는 말은 잡았던 손을 놓고 뿔뿔이 흩어진다는 뜻인데, 그러는 순간 다 죽는다. 그건 역사가 증명한다.

중간에 서서 어느 쪽도 편들지 않는 게 공정 아니냐고? 그건 양쪽 힘이 같을 때 얘기다. 그런데 웬만해서 그런 법은 없다. 이미 편이 갈린 이상 50대 50으로 힘이 맞서는 일은 거의 없다는 얘기다. 30대 70, 40대 60, 하다못해 49대 51로라도 층하가 진다. 그때 약한 쪽에서 할 수 있는 일은 두 가지다. 강자 편으로 가든가, 약자 편에 남아서 서로 힘을 합치든가. 앞엣것은 편하지만 종이 되는 길이고, 뒤엣것은 힘들지만 자유인이 되는 길이다. 엄밀히 말하면 '중도'란 없다.

그래서 약한 쪽 편들기는 치우침이 아니다. 오히려 그건 세상을 조금이나마 평등하게 만들려는 몸짓이다. 또 야만스런 편 가르기에서 나온 독을 묽혀 주는 중화제다. 이미 기울어진 저울을 평평하게 하려면 양쪽에 똑같은 걸 올려놓아선 안 된다. 그러면 저울은 더 기운다. 그땐 가벼운 쪽에 더 많은 걸 올려놓아야 한다.

우리 현실은 저울이 이미 너무 크게 기울어서, 많은 사람들이 안간힘을 쓰며 편을 들어도 균형을 잡기는 어려운 형편이다. 누군가처럼 축구경기에 비기자면, 비스듬히 기운 운동장에서 반칙과 위협을 일삼는 '조폭'들을 상대로 심하게 불공정한 심판 판정

아래 싸우는 어린 선수와도 같다. 시민운동이 그렇고 노동운동
이 그렇고 교육운동이 그렇고 진보정치가 그렇다. 그런데도 한
가운데에 서서 어느 편도 들지 말라는 건 힘센 쪽에 가 붙으라는
말과 같다.

　그래서 나는 오늘도 내일도 편을 들 것이다. 가난한 이들, 약
한 이들, 억울하게 돌팔매 맞는 이들, 억압과 폭력에 짓눌린 이
들, 그리고 무엇보다도 그 틈바구니에서 웃음을 잃고 살아가는
아이들 편을. 그것이 '진영논리'라도 좋다.

염치라는 것

올여름 더위는 지독했다. 그래도 웬만하면 냉방기 안 틀고 살려고 했는데, 어느 날 아파트 관리실에서 방송을 했다. 내용인즉 '정부의 전력 절약 시책에 협조'하는 뜻으로 '냉방기 사용을 자제'해 달라는 것이었다. 듣는 순간 화딱지가 나서 일부러 냉방기를 틀었다. 애꿎은 백성들이 뭔 죄래? '원전 비리'니 '사용료 특혜'니 잘못은 저희들이 다 저질러 놓고 말이다.

그래도 '국정원 대선 개입'만 아니면 견디겠는데, 그 일 때문에 참을성마저 바닥났다. 내가 낸 세금이 범죄(국가기관이 선거에 끼어든 것만으로도 큰 범죄다. 그처럼 부도덕하고 야비한 방법이 아니라도)에 쓰인 것만도 놀랄 일인데, 그 엄청난 죄를 저질러 놓

고도 벌을 받기는커녕 잘못했다는 말 한 마디 하는 사람이 없다
니! 오히려 그런 일에 앞장선 사람들이 국회 국정조사 청문회에
나와서는 '증인 선서'도 거부한 채 잘못 없다고 버텼다니 참 기
가 막힌다.

사람이 짐승과 다른 것 중 하나가 염치를 아는 것이다. 잘못이
야 누구나 한다. 하지만 거의 모든 '보통 사람들'은 그걸 부끄러
워할 줄 안다. 일부러 그랬건 모르고 그랬건, 남이 알건 모르건
상관없다. 내가 한 짓이 경위에 어긋나면 부끄러워하고, 남에게
해를 끼쳤으면 미안해한다. 그러지 않는다면 까닭은 두 가지뿐
이다. 잘못인지를 몰라서, 또는 잘못인지는 알지만 부끄럽지 않
아서 그럴 거다. 젖먹이 어린애나 판단력이 없는 사람이라면 앞
의 경우니 말할 게 못 된다. 하지만 뒤의 경우처럼 부끄러워할
줄을 아주 모른다면, 이건 여간 심각한 일이 아니다.

문득 오래전 시골 초등학교에서 교사 노릇할 때 일이 생각난
다. 한번은 교실에서 한 아이 돈이 없어졌다. 큰돈도 아니었고
자주 있는 일도 아니었지만 그냥 넘어가서는 안 되겠다 싶어서
아이들 모두에게 알리고 의논을 했다. 여러 아이들이 물건 검사
를 해 보자고 해서 별생각 없이 그렇게 했더니 한 아이 가방에서
돈이 나왔다. 그런데 일은 그 다음에 더 커졌다. 가방 주인이 학
교에 나오지를 않는 것이었다. 집에 연락해 보니 집에서는 학교
에 간 줄 알고 있었다. 덜컥, 온갖 사사망념이 다 떠올랐다. 며칠

동안 아이를 찾아다니며 별별 짓을 다 한 끝에 겨우 학교에 데려오긴 했다. 하지만 그 뒤로도 내내 마음을 못 놓고 아이 눈치를 살피며 쩔쩔매야만 했다. 그때 내 경솔함을 얼마나 뉘우쳤던지…….

이것이 사람이다. 열 살 먹은 어린아이로 하여금 며칠 동안 울면서 산속을 헤매게 만든 것이 바로 염치다. 그 아이는 잘못에 견주어 지나치게 큰 벌을 받았다. 그리고 그 허물은 내게 있다. 그래서 나는 지금도 부끄럽다. 그리고 미안하다. 삼십 년이 지난 지금에도 나는 죄책감을 떨치지 못한다. 지금 마흔 살 어른이 되어 있을 그 아이도 어쩌면 그럴 것이다. 우리는 이래서 사람이다. 여린 바람에도 스러지고 작은 빗방울에도 상처받지만, 바로 그래서 사람이다.

그런데 여기, 우리와는 아주 다른 사람들이 있다. 그이들은 아주 딴 세상에서 왔는지, 아니면 태어날 때부터 유전자가 다른지 알 수 없으나 도무지 부끄러워할 줄 모른다. 어떤 잘못을 저질러 남에게 의심을 사면 처음엔 무조건 아니라고 잡아뗀다. 도리어 의심하는 사람에게 죄를 뒤집어씌워 공격하기도 한다. 그러다가 사실로 드러나면 '다른 잘못을 바로잡으려다가 일어난 일'이라고 변명하거나 '때리긴 했지만 폭력은 아니'라는 식으로 궤변을 늘어놓거나, 심지어 '그만 일을 갖고 뭘 야단이냐?' 또는 '다들 그러는데 나만 갖고 왜 그래?' 하며 도리어 성을 낸다.

이 '부끄러움 모르는 사람들'에게는 같은 점이 있다. 모두 돈 많고 권세 많은 '높은 분들'에다 '귀하신 몸'이라는 거다. 재벌에 고관대작, 사회지도층, 상류층, 뭐래도 좋지만 어쨌든 우리 백성들과는 아주 다른 자리에 있는 사람들이다. 지금 세상 돌아가는 꼴을 보면 이해 못 할 바도 아니다. 뭐가 됐든 이기는 사람이 장 땡이니까. 도둑질을 하건 남을 속이건 아귀다툼에서 이겨 돈과 권력만 틀어쥐면 세상에 겁날 게 없으니까. 그 사람들은 아마 그런 방식으로 그 자리에까지 올라갔을 것이다.

그래서 그런지 그 사람들, 뻔뻔스러운 것도 참 자연스럽더라. 서민들은 죄짓고 텔레비전에 나오면 얼굴을 가리느니 고개를 숙이느니 부끄러워하지만, 그 사람들은 절대 그러는 법이 없다. 재판 받으러 갈 때도 병원 옷 입고 입마개 쓰고 바퀴의자에 앉아 '환자놀이'나 하면 했지 조금이라도 고개 숙이는 법 있던가.

그런 사람들, 죄가 가벼워서 그런가 하면 절대 그렇지 않다. 세금 떼어먹기 같은 도둑질(이건 수많은 백성들 주머니를 터는 일과 다름없다는 점에서 남의 집에 들어가 물건 훔치는 것보다 백 배 천 배 중죄다)은 그나마 점잖은 편에 들까. 이번 국정원 사건처럼 수천만 국민들 권리를 빼앗고 나라 뿌리를 흔들고 민주주의를 거덜 낸 죄는 참으로 그 무거움을 헤아리기 어렵다. 그런데도 저리 태연할 수 있는 건 정말이지 '불가사의'라 할 만하다.

그러고 보면 이 나라 '높은 분들' 가운데 법 어기지 않고 사는 사람 몇 안 되는 것 같다. 신문에 나고 방송에 나고 해서 대명천지에 밝혀진 것만 해도 입이 벌어지는 형편이니 남몰래 지은 죄는 또 얼마나 많을까. 그런데 가만히 보면 그 법을 어긴 정도도 그이들 가진 부와 권력 크기와 비례하는 듯하여 또 한 번 놀라게 된다. '굉장히 큰' 권력자 부자는 '굉장히 크게' 어기고, '조금' 높은 이들은 '조금' 어기더라는 얘기다. 글쎄, 염치 모르는 낯 두꺼움도 거기에 비례할까. 아무래도 그런 것 같다.

이런 생각 하다 보니 주제넘게도 나라 걱정을 하게 된다. 농담 아니다. 정말 이대로 가다가 나라 앞날이 어떻게 될지 걱정이다. '우국지사' 근처에도 못 가는 나 같은 소시민이 이러고 앉았으니 내가 생각해도 우습지만, 걱정이 되는 데야 어쩌랴.

3
당신은
성공했나요?

⚙ '쓸모'와 '옳음', 무엇이 먼저일까?

'돈 안 되는' 책이 주는 행복

　한때 뼈아픈 가난을 겪어 본 세대가 버릇처럼 하는 말이 있다. "세상 참 좋아졌어." 하긴, 겉으로 보이는 세상은 틀림없이 옛날보다 좋아졌다. 굶주리는 사람들이 아주 없는 건 아니지만, 어쨌든 많은 사람들은 끼니 걱정 대신 외려 비만을 걱정하는 형편이니 말이다. 그뿐인가. 가게에는 물건들이 넘쳐 나고 거리에는 자동차가 그득하니, 만약에 4, 50년 전에 세상 떠난 조상님이 와서 본다면 눈이 휘둥그레질 만도 하다.

　그런데 이상하다. 세상이 정말로 살기 좋아졌으면 우리는 전보다 더 행복해져야 할 터인데, 실상은 그렇지 않으니 웬일인가. 자살률은 해마다 높아지고 정신질환을 앓는 사람 수는 점점 늘어난다. 사람들 눈빛은 나날이 사나워지고 인심은 자꾸만 메말라 간다. 젊은 세대는 희망을 잃고, 나이 든 세대는 불안해한다. 세상이 좋아졌다는데 도대체 왜?

분명한 것은 물질이 풍요로워진 만큼 정신은 쇠잔해졌다는 사실이다. 사립문 열어 두고 살던 시절의 훈훈한 인정까지 돌이키지 않더라도, 우리네 삶과 마음엔 본디 넉넉한 여유가 있었다. 비록 먹고살기는 힘들었어도 이웃에게 내미는 따스한 손길과 자연을 벗 삼는 슬기와 고단한 일상을 어루만지는 해학이 있었다. 가난조차 멋으로 승화시키는 낭만도 있었다.

하지만 물질이 모든 가치를 평정하면서 마침내 우리는 마음의 여유를 잃었다. 아파트 평수와 자동차 크기에 자존심을 걸고 자식 사교육비에 삶을 저당 잡히면서 정신의 영역은 설 자리를 잃었다. 모든 가치는 돈으로 환산되고 가난은 다만 앙상한 부끄러움이 되었다. 책 읽고 사색하던 시간은 오롯이 부동산과 주식투자와 쇼핑 정보를 얻는 데 쓰이게 되었다. 그리하여 이제 '돈 안 되는' 모든 일은, 그것이 설령 영혼을 구하는 일이라 해도 세인의 관심을 끌지 못하는 지경에 이르렀다.

우리가 정신의 회복에 눈을 돌려야 하는 까닭이 여기에 있다. 물질은 그만하면 됐으니 이제 정신의 풍요를 노래하자는 말이 아니다. 물질만 바라보고 달려온 조급함이 빚은, 소득양극화나 정의롭지 못한 분배 같은 근본 문제를 풀려면 우리 모두 '사람의 눈빛'을 되찾지 않으면 안 되기 때문이다. 인간성을 되찾는 길은 먼 데 있지 않다. 지금 당장 손에 책을 들면 된다. 믿고 싶지 않지만 우리나라 가구당 도서구입비는 한 달에 한 권 값에도 못 미치며, 그마저 해마다 줄어들고 있다[국립중앙도서관]. 책을 멀리한 사람의 정신이 황폐해지는 것은, 마치 불 꺼진 모닥불이 온기를 잃는 것과 그 이치가 같다.

따지고 보면 책조차 정신보다 물질 쪽에 기우는 것이 요즈음 세태의 저울추이다. 이를테면 옛날 사람들은 '돈을 모아서' 책을 샀다. 하지만 요새는 많은 사람들이 '돈을 모으기 위해' 책을 산다. 처세술과 재테크로 대표되는 이른바 실용서가 언제나 베스트셀러의 윗자리를 차지하는 것만 봐도 그렇다. 이 저울추를 조금만 돌려놓으면 어떨까. 어떻게 하느냐고? 이제까지 '돈이 안 된다'는 까닭으로 버림받아 온 문학책과 인문예술, 사회과학책을 일부러라도 찾아 읽는 것이다. 장담컨대 이 일은 틀림없이 우리에게 자부심과 함께 행복감을 선사할 것이다. 사람이 스스로 사람다움을 느낄 때보다 더 행복한 순간이 또 있으랴.

그래서 감히 권한다. 햇볕 고운 초가을 낮 공원 걸상에 앉아 읽는 시집 한 권, 일하다가 쉬는 틈에 차 한 잔 마시며 펼쳐 드는 인문서 한 권, 퇴근길 지하철 안에서 한 줄 한 줄 음미하듯 읽어보는 고전 한 권은 어떨까. 아니면 힘든 집안일 끝내고 잔잔한 음악과 함께 빠져들어 보는 소설책 한 권, 주말 저녁 아이 손잡고 찾은 동네 도서관에서 느긋하게 넘겨 보는 명화집 한 권, 저녁 시간 온 식구가 둘러앉아 연극하듯 번갈아 읽어 보는 옛날이야기책 한 권도 좋을 것이다. 그런 것이 정 따분하다면 아기자기 눈을 즐겁게 하는 만화책이나 그림책인들 어떠랴.

　책읽기는 결코 사치스러운 놀음이 아니다. 요즈음처럼 '쓸모'가 '옳음'을 뛰어넘는 세상에서, 그것은 어쩌면 사람이 스스로 사람다움을 확인하는 몸부림에 가까울지도 모른다. 일찍이 현명한 선인은 말하였다. 독서는 굶주림과 추위와 근심걱정과 질병의 고통까지도 덜어 준다고〔이덕무〕. 그분이 말한 책이 노자 장자 같은 '돈 안 되는' 책이었음은 두말할 나위도 없다.

책 읽지 마세요

지금부터 한 30년 전, 내가 이오덕 선생님을 처음 만나고 얼마 안 되었을 때 일이다. 한번은 여러 사람이 모인 자리에서 이오덕 선생님이 '글은 곧 삶'이라는 말을 힘주어 한 일이 있었다. 아직 철이 덜 들었던 나는, 그것을 '자기가 몸으로 겪은 일만 글로 써야 한다'는 뜻으로 받아들이고 딴죽을 걸었다.

"선생님, 꼭 자기 삶만을 글로 써야 합니까? 이를테면 책을 읽고 영감을 얻어 글을 쓴다든지 할 수도 있지 않습니까?"

그러자 선생님은 나를 한심하다는 듯 바라보다가 이렇게 말하더라.

"서 선생은 책 좀 덜 읽으세요."

하지만 그때 나는 그게 무슨 말인지 잘 알아듣지 못했다.

그로부터 열 몇 해 뒤, 선생님이 과천에서 무너미로 거처를 옮기고 나서로 기억된다. 하루는 글쓰기회 모임을 마치고 댁에 들렀더니 선생님이 며칠 전에 만난 한 젊은 문학가 얘기를 했다. 그 젊은이가 도무지 알 수 없는 어려운 말을 늘어놓는 통에 애를 먹었다는 얘기 끝에 선생님은 이렇게 덧붙였다.

"그 사람은 아무래도 책을 너무 많이 읽은 것 같습디다."

나는 그 말뜻을 대강 짐작했지만, 그 자리에 있던 다른 사람들은 좀 어리둥절해하는 눈치였다. 책을 많이 읽는 건 좋은 일 아닌가? '너무' 많이 읽었다는 건 지나치다는 뜻 같은데, 책 읽는 데도 지나침이 있단 말인가? 이런 생각 때문이었겠지요. 그런 공기를 알아차렸는지 선생님은 한마디 덧붙였습니다.

"문학 한다는 사람이 책상머리에 앉아 책만 읽으니 마음이 병들어 이상한 말만 하게 되지요. 몸을 움직여 일하는 사람들은 절대 그런 말장난 하지 않아요."

그 말을 들은 몇몇 사람은 고개를 끄덕였지만, 몇몇 사람은 아직도 어리둥절한 얼굴로 선생님을 바라보고 있었다.

그러고 나서 몇 해 뒤, 내가 도회지에서 시골로 학교를 옮긴 뒤 선생님을 찾아갔을 때 일이다. 선생님은 '남들 다 가고 싶어하는 도시를 떠나 농촌으로 간 용기'를 두고 덕담 한마디를 하고 나서, 시골에 살아 보니 어떻더냐고 나한테 물었다. 나는 누구에게나 하는 말로 대답했다.

"공기 좋고 물 좋고, 무엇보다도 조용하게 책도 읽고 생각도 할 수 있어서 좋습니다."

그러자 선생님은 물끄러미 나를 바라보더니 이렇게 말하더라.

"서 선생! 방에 들어앉아 책만 읽고 생각만 하지 말고, 바깥에 나가 농사일도 좀 하고 그러세요."

그때 나는 그만 얼굴이 화끈거려 쥐구멍이라도 찾고 싶었다.

그러던 선생님은 돌아가시기 몇 해 전부터 틈만 나면 가까운 사람들에게 간곡하게 타일렀다.

"책을 읽지 마세요. 몸을 움직여 일을 하세요."

여러분은 이 말을 듣고 아마 놀랄지도 모른다. 이오덕 선생님이 책을 읽지 말라고 했다고? 그게 정말이야? 도대체 무슨 뜻으로 그러신 거지? 이렇게 말이다.

이오덕 선생님보다 조금 일찍 세상을 떠난 성철 스님도 제자들에게 그런 비슷한 유언을 남겼다고 한다. 책을 읽지 마라, 땀 흘려 일을 하라고. 왜 그랬을까? 내가 감히 그 뜻을 헤아리기는 어렵지만, 나름대로 짐작이야 해 볼 수는 있다.

우선 책을 읽지 말라는 가르침을 남긴 이오덕 선생님이나 성철 스님이, 정작 자신은 이루 셀 수 없을 만큼 많은 책을 많이 읽었다는 사실을 생각해 본다. 이오덕 선생님이 생전에 읽은 책은 큰 도서관을 이루었고, 성철 스님은 무려 일곱 나라 말로 된 수

많은 책을 읽었다 하니 그게 어디 예삿일인가? 그렇다면 여러분은 혹시 이렇게 생각하는가? 아니, 자기는 책을 그렇게 많이 읽었으면서 우리더러는 읽지 말라니 그게 말이 돼?

그게 말이 될 뿐만 아니라 그럴 수밖에 없는 까닭을 얘기하련다. 그분들이 생전에 그 많은 책을 읽지 않았더라면 책이 사람에게 얼마나 이로운지 해로운지 알 수도 없었을 것이다. 수많은 책을 읽은 덕분에 책의 장점뿐 아니라 흠결까지도 알아낸 것이 아닐까? 그럼 우리는 다시 물어야 한다. 도대체 책의 어떤 점이 흠결이란 말인가?

이 또한 내가 말하기는 주제넘은 일이지만, 나름대로 생각해본 것을 그냥 얘기하겠다. 요새 하루가 멀다 하고 쏟아져 나오는 많은 책들을 보아라. 줄잡아 절반은 말장난이요, 그중 절반은 속임수다. 별것도 아닌 걸 그럴듯하게 분칠하고 부풀려서 대단한 것이라도 되는 양 떠드는 책, 뭔가 그럴듯하긴 한데 무슨 말을 하고 있는지 아리송해서 갈피를 못 잡게 하는 책, 무슨 어마어마한 이론이라고 들고 나오지만 대체 이런 얘기를 왜 하는지 모르겠는 책……. 이런 책들에 파묻혀, 그런 뜬구름 잡는 얘기만 읽다 보면 마음이 병드는 건 당연하겠지. 좀 거칠게 견주자면, 바로 옆에서 사람이 쓰러져 있는데도 먼 산을 바라보며 단풍과 구름을 두고 말씨름을 하는 격이다. 바로 옆에서 아이들이 숨 막혀 비명을 지르는데도 한눈을 팔면서, 문학의 본성은 한눈팔기니 어쩌니 말만 그럴듯하게 늘어놓는 격이다.

애당초 그런 책을 읽지 않았으면, 또는 좋은 책만 읽었으면 그런 일도 없었을 테지. 이오덕 선생님은 바로 그것을 경계한 것이다. 다시 말해 이오덕 선생님이 읽지 말라고 한 책은 삶을 떠난 말장난과 속임수로 꿰어 맞춘 글이다. 거꾸로 삶에서 우러난 글, 진심을 담은 책은 많이 읽을수록 좋지 않을까? 그러니까 결국 이 말은 좋은 책을 가려 읽으라는 말과 다름없다. 그걸 누가 모를까 생각할지 모르지만 이것이 말처럼 쉬운 일은 아니다.

좋은 책을 가려 읽는 일과 함께 우리가 소홀히 해서는 안 되는 일이 또 한 가지 있다. 언제나 몸을 움직여 땀 흘리며 일하는 것이다. 일을 얕잡아 보고, 일하는 사람을 업신여기고서야 어찌 사람다운 삶을 산다고 할 수 있겠는가?

좋은 일, 나쁜 일, 이상한 일

돈이 어마어마하게 많은 부자를 두고, '사람이 일을 해서 저만한 돈을 벌 수는 없다'고 했더니 누가 그러더라. 당신이 몰라서 그렇지 요새 똑똑한 사람들은 다 그렇게 돈을 번다고. 몸을 움직이고 땀 흘리는 건 바보들이나 하는 일이고, 기업을 만들어 사람을 부리고 머리를 써서 돈을 불리는 게 잘난 사람들 일이라고. 그래서 나는 이렇게 말해 줬다. 당신이 몰라서 그렇지 그건 '일'이 아니라고. 사람을 부려서 그 많은 돈을 벌었다면 '착취'요, 돈을 굴려서 그만한 이문을 남겼다면 '투기'라고.

몸을 움직이거나 머리를 쓰거나 간에 일은 일이다. 도둑질이나 야바위 짓을 가리켜 일이라 하지는 않는다. 그래서 만약에 어떤 기업주가 사람을 부려 돈을 벌었대도, 이를테면 100원을 벌어서 일꾼들하고 50원씩 나눠 갖는 건 몰라도(그것도 과한 거지만), 일꾼들한테 10원을 주고 자기는 90원을 갖는다면 그건 착취다. 남의 몫을 빼앗은 걸 두고 일했다 해서야 될 말인가.

또 어떤 사람이 땅과 집 사고팔기를 되풀이해서 큰돈을 벌었대도 매한가지다. 그 사람이 큰 이문을 챙기는 동안 진짜로 땅과 집이 필요한 사람들은 피눈물을 흘려야 할 테니 옳은 일이 아니다. 게다가 만약에 몰래 정보를 빼내 값 오를 곳을 미리 알고 땅과 집을 산다든가, 무슨 야바위 짓을 해서 땅값, 집값을 올렸다면 그건 범죄다. 그걸 두고 일을 했다 할 수 있나?

증권 사고팔기도 다를 바 없다. 일이라고 하는 것은 하고 나면 뭔가 생기거나 남에게 도움이 돼야 하는데, 증권을 사고파는 동안 그런 일은 생기지 않는다. 그저 돈 댄 사람이 돈을 불리거나 잃을 뿐이다. 그래서 이건 그냥 노름이다. 어떤 사람이 밤낮 노름판에서 머리를 굴리고 손을 움직였다 해도, 그걸 두고 아무도 일했다고는 하지 않는다. 또 돈 딴 사람이 있으면 반드시 잃는 사람도 있는 법이니 좋은 일도 아니다.

그러고 보니 '일'이라는 말에 참 여러 가지 뜻이 있음을 알겠다. 몸이나 머리를 써서 뭘 만들고 이루는 것도 일이지만 사건이나 말썽이 나는 것도 일이다. '일을 했다'고 하면 앞의 뜻이요, '일냈다'고 하면 뒤의 뜻이다. 그것뿐 아니라 까닭과 형편을 나타내는 일도 있고 겪음을 뜻하는 일도 있다. "무슨 일로 그러십니까?", "이 일을 어떻게 하지요?", "그런 일이 있었군요." 같은 말에 나오는 일이 다 그렇다.

그래서 참 악덕기업주나 부동산투기꾼이 "그것 봐라. 우리도 일을 했지." 하고 우겨도 할 말은 없다마는, 따지고 들자면 그이들 일은 '한 일'이 아니라 '낸 일'이다. 그러니까 일에도 좋은 일이 있고 나쁜 일이 있어서, '하는 일'은 좋지만 '내는 일'은 되도록 삼갈 일이다. 내가 보기에 '일을 내기'로는 일반백성들보다 벼슬아치들과 부자들이 한 수 위더라. 신문과 방송에서 큰일을 하는 듯 요란을 떠는 셈치고는 뒤끝이 좋을 때보다 나쁠 때가 더 많으니 하는 말이다.

일에는 좋은 일과 나쁜 일만 있는 게 아니다. 살다 보면 참 이상한 일도 있다. 요새는 하도 놀라운 일들이 많아서 웬만한 일에는 눈도 깜짝 안 하게 됐다마는, 그래도 도저히 이해 못할 일이 생기면 어리둥절해진다. 요새 높은 사람들 하는 말을 들어 보면 '국민' 되기 참 어렵다는 생각이 든다. 전에 군함 가라앉은 일을 두고 '정부 발표 안 믿는 사람은 어느 나라 국민'이냐고 물었다더니, 이번엔 겨울올림픽 열게 된 걸 가지고 '이게 못마땅하면 우리 국민 아니'라고 했다니 참 이상하지 않나. 그럼 나처럼 군함 일은 '믿을 수도 없고 안 믿을 수도 없고' 겨울올림픽 일은 '기쁘지도 않고 못마땅하지도 않은' 사람은 뭐냐? 국민도 아니고 국민 아닌 것도 아니냐? 뭐가 그렇게 어려워?

이야기가 좀 빗나갔다. 다시 일 얘기로 돌아가자. 옛날에는(요새도 마찬가지지만) 농사일이 일 가운데 으뜸이었다. 다른 일도 아니고 사람을 먹여 살리는 일이니 당연하다. 그런데 참 씁쓸한 것이, 일하는 사람 따로 있고 놀고먹는 사람 따로 있었다는 거다. 벼슬아치와 양반, 땅임자들은 일을 안 했다. 그 대신 백성들이 뼈 빠지게 농사지어 놓으면 소출을 가져갔는데, 먼저 땅임자가 절반을 가져갔다. 그다음에는 나라에서 구실(세금)로 얼마큼 가져가고 지방관청에서도 삼수미니 별수미니 갖은 명목을 붙여 뜯어 갔다. 그래서 정작 농사지은 사람에게는 눈곱만 한 소출만 남았다. '보릿고개'가 다만 흉년 때문에 생긴 것만은 아니다.

땅임자가 땅 빌려준 값으로 가져가는 곡식을 '도지' 또는 '도조'라고 했는데, 보통 소출의 절반이었다. 원래 '도조'가 본말이고 '도지'는 도조를 내면서 부치는 땅을 가리키는 말이지만 보통은 그 둘을 섞어 썼다. 그나저나 땅임자는 가만히 앉아 놀면서 절반을 가져갔으니 소작농민 처지에서는 무척 억울할 법하다. 하지만 그것까진 참을 만했나 보다. 농민들이 도저히 못살겠다고 들고일어난 건 다 도조가 절반을 넘겨 7, 8할이 됐을 때인 걸 보면.

재물 가진 이가 그 재물을 밑천 삼아 사람을 부리는 건 예나 이제나 다를 바 없다. 요새는 그 부리는 방식이 좀 더 '세련'되었을 뿐이다. 그만큼 더 엉큼해지고 못돼졌다는 뜻도 된다. 옛날 머슴들은 비록 남의 집에 얹혀살며 일을 했지만 나름대로 사람 다운 대접을 받을 '안전장치'를 마련해 두었다. 우선 힘든 일을 하는 만큼 밥을 배불리 먹는 것이 중요했는데, 그래서 '머슴밥'이라는 말도 생겼다. 주인집 식구들과 달리 머슴은 밥을 하루 대여섯 끼씩 먹을 수 있었고, 그 양도 먹고 싶은 대로 먹었다. 아무리 인색한 주인이라도 밥만큼은 실컷 먹게 해 주었다.

만약에 주인이 부당한 대우를 하면 머슴은 곧잘 드러누웠다. 요샛 말로 하자면 '파업'이다. 머슴이 새벽같이 일 나가지 않고 방에 드러누워 있으면 주인은 당장 공기를 알고 '협상'에 나섰다. 협상 주제는 일하는 시간과 강도 같은 '노동조건'이거나 밥과 옷, 묵는 방 같은 '복지'일 수도 있고, 때로는 주인집 식구들의 반말지거리 같은 '인간적 대우'일 수도 있었다. 요새로 치면 임금이랄 수 있는 '새경'은 거의 다루어지지 않았는데, 왜냐하면 고용계약을 맺을 때 이미 이 부분을 확실히 해 두었기 때문이다. '들새경'은 계약과 함께 받는 새경이고 '날새경'은 일이 끝난 뒤 받는 새경인데, 보통은 이 둘의 비율이 반반이었다.

봉건사회라는 옛날에도 노동자에게 이만한 권리가 있었다. 요새는 어떤가? 되레 뒷걸음질치고 있지나 않은가? 어떤 기업은 한 해 이익이 10조니 20조니 하면서도 일터에서 목숨 잃은 노동자 '산업재해'조차 인정해 주지 않고 있다. '삼성전자' 이야기다.

또 어떤 기업은 부당해고에 항의하는 노동자들을 폭력배를 시켜 때리고 짓밟았다. '한진중공업' 이야기다. 듣자니 농성 노동자들을 응원하러 간 '희망버스' 참가자들마저 경찰이 마구잡이로 잡아갔다 한다. 가슴 아프다.

상말과 욕의 두 얼굴

"올라간 이도령인지 삼도령인지 그놈의 자식은 일거후 무소식 하니 인사가 그렇고는 벼슬은 커니와 내 좃도 못 하지."

춘향가의 한 대목이다. 이도령이 어사 되어 남원으로 내려가 다가 들에서 일하는 농부들한테 코앞에서 얻어먹는 욕이다. 욕은 욕이되 경위 바르고 입바른 욕이다. 소리판에 모인 사람들 속이 다 시원해질 법하다.

욕처럼 점잖지 못한 말을 예로부터 상말 또는 상소리라고 했다. 쌍말, 쌍소리라고 하면 센말이 된다. '비어'나 '속어' 또는 두 말을 합친 '비속어'도 같은 말이다. 옛날 저잣거리 왈패들 노는 데에는 이런 말이 판을 쳤다. 요새라고 다를 바 없다. 이런 말은 대개 거칠고 아름답지 못해서 다들 가리고 꺼린다.

그런데 이 말이 생긴 내력을 들추어 보면 좀 찜찜하다. 상말, 상소리 할 때 '상'이 어디에서 온 말 같은가? 여염 백성을 가리키는 '상사람(상민, 상것, 상놈)'에서 왔다. '상스럽다'도 매한가지다. 양반들이 일반백성을 업신여긴 나머지 점잖지 못한 것에는 모조리 '상'을 붙여 낮추본 것이다.

'속어' 또는 '속되다' 할 때 '속'도 그 비슷한 말이다. 이 말은 처음에 '민간풍속답다'는 뜻으로 쓰였다. '속담'이나 '속언' 같은 말이 다 그렇다. 양반들 눈에는 백성들 풍속이 다 천하게 보였고, 그래서 천한 데는 깡그리 '속'자를 붙여 업신여겼다. '속세'니 '속물'이니 '속류'니 하는 말이 나온 내력이 이와 같다.

'상말'과 '속어'에는 이처럼 백성을 깔보는 편견이 숨어 있다. 그러고 보니 상말은 거의 다 토박이말이요 입말이다. 그럴 수밖에! 백성들은 누구나 토박이말, 입말을 썼으니 말이다. 이를테면 '계집'은 토박이말 백성 말이요 '부인'은 한자말 양반 말인데, 앞엣것은 천하고 뒤엣것은 고상해 뵌다. '집구석'과 '댁내', '아가리질'과 '언변'을 견줘 봐도 그렇다. 우리말이 천대받고 푸대접받은 내력이 이러하다.

어쨌거나 상말은 듣는 이에게 좋지 않은 느낌을 주므로 될 수 있는 대로 쓰지 말 일이다. 하지만 가만히 보면 상말이라고 해서 다 똑같은 건 아니다. 어떤 말은 상말이되 오히려 수수하고 참되어 정이 뚝뚝 묻어난다. 위에서 본 것처럼 소리판에서 소리꾼이 내놓는 걸쭉한 군말도 그러하고, 친한 사이에 나쁜 뜻 없이 내뱉는 욕지거리도 그러하다.

소리꾼들이 상말을 잘하는 건 이들의 핏줄이 백성(상사람)들에게 닿아 있기 때문이다. 소리판에 좌장 격으로 양반들이 끼지 않는 건 아니지만, 구경꾼들 거의 다는 일반백성들이었다. 이들에게 점잖은 문자는 가당치도 않다. 걸쭉하고 시원한 상말이 제격이었다. 놀부를 욕할 때도 그저 '심술쟁이' 정도로는 성이 안 찼다. "이놈이 이리 심술이 많을진대 삼강을 아느냐 오륜을 아느냐, 이 난장 맞을 놈의 자식이." 이쯤 돼야 구경꾼들 묵은 체증이 쑥 내려가는 것이다.

상말은 이렇듯 속을 푸는 구실을 할 뿐 아니라 더러는 정겨움의 표시가 되기도 한다. '욕쟁이 할머니' 얘기가 심심찮게 수다쟁이들 입방아에 오르내리는 것도 그 때문이다. 욕이 서먹한 사람 사이를 가깝게 만들어 주는 셈이다. 오죽하면 사람들이 욕을 들으러 일 삼아 욕쟁이를 찾아가겠는가. 어릴 적부터 허물없이 지낸 동무들이 오랜만에 만나 점잖은 인사 대신 대뜸 욕 한마디 내놓는 일도 같은 이치다.

욕 이야기가 나왔으니 말인데, 우리나라 욕에는 좀 별난 데가 있다. 형벌에 얽힌 욕이 많다는 게 그것이다. 무엇이 못마땅할 때 혼잣소리로 내뱉는 '젠장' 또는 '넨장'은 '난장 맞을'이라는 뜻이다. 난장이란 죄인의 몸 곳곳을 가리지 않고 함부로 마구 때리는 형벌이니, 나쁘기로 치면 과연 이보다 더 나쁘기 어렵겠다. '오라질(우라질)'은 오라를 진다는 뜻으로, 오라는 옛날 죄인을 묶을 때 쓴 밧줄이었다. '육시랄'은 육시를 한다는 뜻인데, 육시라고 하는 것은 죽은 사람 목을 베는 형벌이다. 듣기만 해도 끔찍하다. '주리를 틀' 같은 욕도 마찬가지로, 주리는 죄인의 두 다리 사이에 막대를 넣고 비트는 고문이었다.

형벌에 얽힌 욕이 많다는 건 그만큼 옛날 백성들이 형벌을 두려워했다는 뜻이다. 우리나라 형벌은 거의 중국 것을 본떠 만들었는데, 그 야만스럽기로 말하면 세상에서 둘째가기 서러운 것들이다. 가만히 보면 예나 이제나 권력자들은 힘센 나라 것을 받아들일 때 꼭 좋은 것보다 나쁜 걸 먼저 받아들이더라. 형벌이란 게 정말로 못된 죄를 지은 사람보다 권력 눈 밖에 난 사람한테 더 많이, 더 모질게 행해진 것도 예나 이제나 다름이 없다.

그렇다고 해서 상말이 다 봐줄 만한 것은 아니다. 결코 해서는 안 되는, 하면 할수록 자신의 키를 낮추고 자신의 몸을 더럽히는 상말도 많다. 아니, 많은 정도가 아니라 이런 게 거의 다다. 그 가운데서도 남을 모욕하고 그 인격을 짓밟는, 그 식구와 동무를 욕되게 하는, 장애나 신체의 약점을 들먹이는 욕은 참으로 더러운 것이다. 문제는 이런 욕을 우리 아이들이 예사로 한다는 데 있다.

가만히 보면 이런 상말과 욕이 기승을 부리는 곳이 따로 있다. 교도소와 군대, 그리고 학교가 그렇다. 이 세 곳이 말하자면 상말과 욕이 태어나 자라는 온상이다. 왜 그럴까? 억압과 폭력, 그리고 차별이 일상화된 곳이어서 그렇다. 누구든지 인격이 짓밟히고 폭력에 시달리고 억울하게 차별당하면 마음이 비뚤어지게 마련이다. 쌓이고 쌓인 불만은 삭일 곳을 찾지 못하고 상말과 욕에 실려 터져 나온다.

정말 슬픈 건 학교가 그중 하나라는 거다. 교도소나 군대에도 억압과 폭력, 차별이 있어서는 안 되지만 학교는 정말 그래서는 안 된다. 우리는 누구나 말한다. 학교는 사랑과 정성으로 사람다움을 가르치는 곳이라고. 그런데 그래야 할 학교에 왜 억압과 폭력, 그리고 차별이 춤을 추는 것일까? 사람을 사람으로 보지 않고 무슨 기계부품쯤으로 보는 야만스런 교육정책과 행정 때문이다. '경쟁력'을 빌미로 아이들을 약육강식의 정글로 내몰고, '포퓰리즘 반대'를 빌미로 아이들한테서 인권과 밥그릇을 빼앗고, '인재양성'을 빌미로 수많은 아이들을 패배자로 만드는 교육에서 무슨 희망을 찾을 것인가? 그 억압과 폭력, 차별 속에서 숨 못 쉬는 아이들이 쉽게 상말과 욕에 물드는 건 놀랄 일도 아니다.

그래서 우리 모두는 죄인이다. 아이들 앞에 죄인이다. 이 나쁜 틀을 고쳐 놓지 못하는 한, 나부터 죄인이다. 그래서 나는 상말로 욕을 퍼붓는다. 물론 나 자신에게 하는 욕이다.

"제기, 이 난장 맞을 멍청이 같으니라고. 나이는 똥구멍으로 처먹었니?"

얼굴이 달덩이 같으면 속상하나요?

"얼굴이 달덩이 같아서 속상해요."

어떤 잡지에서 본, 한 여자 연예인이 했다는 말이다. 어라? 얼굴이 달덩이 같으면 좋아해야지 왜 속상하대? 훤하고 둥글둥글하고 음전한 미인을 일러 옛날부터 달덩이 같다고 하지 않았나?

요새는 그게 아닌가 보다. 얼굴은 덮어놓고 작아야 한단다. 달덩이 같아야 미인이 아니라 '얼굴이 반쪽'이어야 미인이란 얘기다. 왜 그럴까?

서양 백인들은 몸집에 견줘 얼굴이 작다. 키는 우리보다 큰데 얼굴 폭이 좁으니 작게 보이는 거다. 그걸 억지로 닮으려다 보니 '얼굴 작은 게 장땡'이 됐다. 이거야말로 '외모사대주의' 본보기다.

제 것 업신여기고 남의 것 떠받드는 버릇 가운데 참 고약한 것이 겉모습 가지고 그러는 거다. 아니, 생김새는 타고나는 건데 그걸 뭐 어쩌란 말이야? 얼굴 큰 게 뭐 어때서?

요새만 그런 게 아니다. 일제강점기에는 '뼛속까지' 친일하던 이 땅의 부왜지식인들도 남의 것 떠받드는 데 미쳐 버린 나머지 우리 겉모습 가지고 트집 잡았다. 이를테면 이런 식이다.

조선인은 눈동자가 풀렸고 입은 벌어졌으며 팔다리는 늘어졌고, 가슴은 새가슴에 걸음걸이에 기력이 보이지 않고 안색도 누렇다. 조선인의 용모에는 쇠퇴, 궁색, 천함이 찍혀 있다.

친일작가 이광수가 1916년 「매일신보」에 썼다는 글이다〔「녹색평론」 9~10월호 52쪽에서〕. 이쯤 되면 '외모자학'도 경지에 올랐다 할 만한데, 이광수 자신은 스스로 일본 사람이라 믿었는지 모른다. 또 이런 글도 있다.

(조선 사람은) 주먹이 튼튼치 못하며 다리가 꿋꿋하지 못하다. 얼굴이 할쑥하고 등이 구부러졌다. 누구와 싸움을 잘 못한다. 하지도 못하거니와 하게 되면 뒷걸음질부터 친다. 곧 항복하고 만다. 어찌 그리 무기력한지 남과 싸우겠다는 용기가 없다.

1924년 「동아일보」에 실린 글이라 한다[같은 책 53쪽]. 이건 앞엣것보다 더하다. 그럼 무슨 깡패나 건달쯤 돼야 사람 축에 드나? '외모비하'도 이쯤 되면 시쳇말로 '끝판왕' 감이다.

그럼 이 '친일 외모사대주의자'들이 떠받든 '이상형'은 어땠을까? 윗 글을 거꾸로 뒤집어 보면 답이 나온다. 즉 '눈동자는 똑바로 박히고 입은 앙다물고 팔다리는 꼿꼿하고, 가슴은 딱 벌어지고 걸음은 다부지고 얼굴빛은 반들반들한' 모습, 또는 '주먹은 튼튼하고 다리는 꼿꼿하고 얼굴은 구릿빛이고 등은 곧게 펴진' 모습이다. 영락없는 '일본 무사' 아닌가?

그 자학과 굴종의 버릇을 요새 '친미 외모사대주의자'들이 그대로 물려받았다. 제 모습 업신여기는 건 똑같고, 달라진 게 있다면 떠받드는 '이상형'인데 그중 하나가 얼굴 작은 것이다.

작은 얼굴 말고도 미모 조건에 드는 건 많다. 이를테면 키는 '묻지도 말고 따지지도 말고' 커야 하는데, 어느 신문을 보니 여자는 170센티미터, 남자는 180센티미터가 돼야 '몸짱'에 들 수 있단다. 기막혀!

키 말고도 덮어놓고 커야 하는 게 있으니 바로 눈이다. 커다란 눈에 쌍꺼풀까지 있으면 금상첨화다. 커야 좋은 게 눈이라면 높아야 좋은 건 코다. 동글동글 복스럽게 생긴 코는 못 쓰고 무조건 오뚝하니 높아야 한다.

그런가 하면 머리칼 색깔은 알록달록해야 한다. 노랗거나 빨갛거나 금색이거나, 하다못해 불그스름이나 노르스름이라도 해야 한다. 그렇지 않고 그냥 까맣기만 하면 못난 거다. 염색약 장수는 좋겠다.

또 있다. 몸 비례는 8등신이어야 한다. 얼굴 길이가 키의 8분의 1이어야 한다는 얘기니, 이를테면 160센티미터 키에는 20센티미터짜리 얼굴이 알맞다는 거다. 이건 얼굴 작아야 한단 것과 말만 다르고 뜻은 같다.

자, 이로써 '현대판 이상형'이 완성됐다. 얼굴 작고 키 크고 쌍꺼풀 진 큰 눈과 오뚝하니 높은 코, 알록달록 머리칼에 8등신이면 뭔가? 영락없는 서양 미인대회 백인 우승자 모습이다. '일본 무사'가 군국주의 상징이라면 '백인 미녀'는 자본주의 '아이콘'이다.

말이 났으니 말이지 옛날 우리 조상들은 눈 큰 걸 그다지 좋게 보지 않았다. 별명 부를 때도 '눈딱부리' 또는 '왕눈이'라 하면 썩 예쁘다는 느낌은 들지 않는다. 코 높은 것도 매한가지다. '코배기'나 '코주부'는 얼굴에 코 치레뿐인 사람을 일컫는데, 이게 칭찬이 아님은 물론이다. 오죽하면 『박씨부인전』에 높은 코와 큰 눈을 못생긴 얼굴의 본보기로 그렸을까.

큰 키에 대한 생각도 옛날과 오늘날이 다르다. '키다리'나 '전봇대'는 멀쑥하니 키만 큰 사람에게 붙여 준 별명이었다. "키 크고 싱겁지 않은 사람 없다."는 옛말은 큰 키가 그다지 멋이 없음을 말해 준다. 요새 젊은이들이 목숨을 걸다시피 하는 살빼기도 그렇다. 덮어놓고 날씬해야 최고라고 믿는 요새 사람들과는 달리 옛날 사람들은 '살집이 좀 있는' 몸을 귀하게 여겼다. 빼빼 마른 사람에게는 오히려 놀리는 뜻으로 '말라깽이'니 '홀쭉이'니 하는 별명을 붙여 줬다.

다음은 『춘향전』에서 춘향 모습을 그린 대목인데, 이걸 보면 옛날 사람들이 미인을 어떻게 보았는지 알 만하다.

아리따운 고운 양자 팔자청산을 춘색으로 반분대 다스리고 호치단순은 삼색동화미개봉이 하룻밤 찬 이슬에 반만 핀 형상이요 흑운 같은 허튼 머리 반달 같은 화룡소로 솰솰 흘리 빗겨 전반 같이 넓게 땋아 자주 황라 너른 댕기 맵시 있게 들였구나.

하지만 이제 더는 미인 되려는 이들에게 팔자눈썹과 검은 머리칼 따위 소용없게 됐다. 죽으나 사나 '롱다리'에 '꿀벅지' 갖추고 '에스라인', '브이라인' 가꾸어 '하의실종패션'으로 '베이글녀' 흉내라도 내야 산다. 자칫 '얼큰'(얼굴 큰 사람)이나 '얼꽝'(얼굴 못생긴 사람)으로 찍히거나 옷 잘못 입어 '숏다리' 되는 날엔 인생 종친다. 맙소사!

분명히 말하지만 이건 우리 백성들 잘못이 아니다. 오늘도 부모에게 물려받은 외모 때문에 거울 앞에서 속상해하며 '55' 치수

옷이 몸에 안 맞아 짜증 내는 우리 딸들과, 아무리 해도 잘 안 빠지는 뱃살 때문에 '스트레스 받는' 우리 아들들에겐 아무 잘못도 없다는 말이다.

잘못은 '외모사대주의' 잣대를 휘두르며 '외모지상주의'와 '외모자학'을 부추겨 아귀아귀 배불리는 자본과, 그 자본이 지배하는 대중매체와, 또 그 등에 업혀 단물 빠는 권력에게 있다. 그이들에게 말한다. 우리 몸 가지고 장난치지 마라.

그리고 오늘도 쌍꺼풀 수술비 마련하려고 고단한 몸 부리며 적금 붓는 처녀들과, 용돈 쪼개 동네 '헬스클럽'에서 '초콜릿복근'과 눈물겨운 싸움을 벌이는 총각들에게 말한다. 기죽지 마라, 당신 몸 주인은 바로 당신이다.

당신은 성공했나요?

아무래도 국어사전을 고쳐야 할 것 같다. 무슨 말이냐고? 이를테면 이런 얘기가 있다. 어떤 사람이 오랜만에 동무를 만났는데, 그이가 옛날부터 사귀던 사람과 결혼했음을 알고 이렇게 말했단다.

"야, 너희들 결국 성공했네?"

물으나마나 결혼에 성공했구나 하는 뜻이다. 그랬더니 상대가 이렇게 대답하더란다.

"아니야, 성공은 무슨……. 우린 아직 집도 없는걸."

왜 이런 '동문서답'이 나왔을까? '성공'이라는 말뜻을 서로 다르게 생각했기 때문이다. 앞사람은 사전에 나온 대로 '목적한 일을 이루어 내는 것, 또는 목적한 바가 이루어지는 것〔보리국어사전〕이란 뜻으로 썼다. 그런데 뒷 사람은 아주 다른 뜻으로 그 말을 받아들였다. 뭐랄까, 돈을 많이 벌거나 높은 자리에 올라 보란 듯이 잘산다는 뜻으로 말이다. 둘 중 어느 쪽으로 말하는 사람이 더 많을까? 내가 보기에는 뒤쪽이 더 많은 것 같다.

몇 해 전 대통령 선거 때는 이런 구호도 나왔다. "국민 여러분, 성공하세요!" 그 말 듣고 나처럼 어리둥절한 사람 많았을 거다. 뭘 성공하라는 거지? 그 말은 마치 "이루세요!" 하는 것처럼 부림말(목적어)이 없어서 무척 뜬금없다. 하지만 그 말이 "부자 되세요!"와 겉만 다르고 속은 같다는 걸 알고 나면 별로 이상하지도 않다. 그렇다면 국어사전도 이렇게 고쳐야 하지 않을까.

성공 : 부자나 권력자 같은 '상류층'이 되어 떵떵거리며 사는 것

한마디 덧붙이자면 이때 돈을 어떻게 벌었는지, 권력을 어떻게 차지했는지는 중요하지 않다. 무조건 돈은 많으면 되고 벼슬은 높으면 된다. 그러면 성공한 거다. 그 과정에서 법 좀 어겼건 사기를 좀 쳤건 상관없다는 얘기다. 세상에!

뜻 달라진 말은 이뿐 아니다. 요새 어디를 가든 한 마디도 안 듣고 하루를 넘기기 어려운 말이 있다. 바로 '고객님'이다. 물건 파는 곳뿐 아니라 뭘 안내하고 도와주는 곳, 회사·은행·관공서

할 것 없이 고객님 홍수가 났다. 처음 이 말이 나왔을 땐 '과객님'이나 '문객님' 하는 것처럼 어색하게 들리더니 이젠 하도 자주 들어서 익숙해졌다. 그런데 참 알다가도 모를 게 있다. 도대체 왜 이 생뚱맞은 말이 '손님'이라는 익은 말을 밀어내고 안방 차지를 하게 됐을까? 아무튼 나같이 소심한 사람은 "고객님!" 소리만 들으면 절로 정신이 버쩍 들어 호주머니 속 지갑을 만져 보게 된다. 그 소리가 뒤에는 십중팔구 돈 얘기가 따라 나오기 때문이다. 그래서 고객이란 말도 '가게 같은 데에 오는 손님'〔보리국어사전〕이 아니라 이렇게 풀어야 할 것 같다.

고객(님) : 돈 쓰는 사람, 또는 꾐에 빠지거나 속임수에 걸리는 대상. 비슷한 말로 '호갱님' 또는 '봉'이 있다.

속임수 얘기가 나왔으니 말인데 요새는 착한 사람이 더 잘 당하더라. 사실 '착하다'는 말은 참 좋은 말이다. 사람에게 바치는 가장 아름다운 찬사라 할 만큼……. 훌륭하다, 뛰어나다, 능력 있다는 말을 백 개 합쳐도 이 말이 뿜는 향내에는 못 미친다. 사람다운 사람, 마음이 따스하고 너그러운 사람, 인정 많고 눈물 많고 사랑 넘치는 사람, 정직하고 순박하여 꾀부리거나 남 속일 줄 모르는 사람을 일러 우리는 착한 사람이라고 한다. 그런데 요새 들어 이 말조차 점점 빛바래 가는 것 같다. 착한 사람이 워낙 드물어서 그런가? '착하게 살자' 따위는 주먹 쓰는 건달이 새사람 될 때나 하는 말로 여겨지더니, 드디어 '착한 가격'이라는 말이 아무렇지도 않게 사람들 입에 오르내리게 되었다. 사람이 아니라 물건이 이 아름다운 말의 주인이 된 셈이다. 그래서 슬프지만 이 말도 풀이를 바꿔야 할 것 같다.

　착하다 : 물건값이 너무 비싸지 않아 살 만하다.

　들은 얘기로 요새 부잣집 부모들은 누가 자기 자식한테 착하다고 칭찬하면 싫어한단다. 착하다는 건 곧 어수룩하고 바보 같다는 뜻이라 해서, 그보다는 똑똑하다, 재주 많다, 영재다 이런 말을 더 듣기 좋아한다는 거다. 믿고 싶지 않지만 세상은 어느덧 여기까지 와 버렸다.

　'품격'은 본디 '사람의 본바탕이나 됨됨이'〔보리국어사전〕를 뜻하는 말이다. 그런데 요즘엔 이 말뜻도 달라졌다. 어떻게? 다음과 같은 광고를 보면 안다. "당신의 품격을 높여 주는 ○○"(자동차 광고), "귀족의 품격에 어울리는 ○○○"(시계 광고)……. 그러니까 사람의 품격은 마음이나 행동에서 우러나는 게 아니라 쓰는 물건에 따라 결정된다는 얘기다. 그래서 말인데, 이 말뜻도 다음과 같이 고쳐야 할까 보다.

품격 : 사람한테서 풍기는 돈 냄새. 값비싼 물건을 써서 돈 많은 티
　　　　를 낼수록 품격이 높아진다.

　광고 얘기 좀 더 하자. 요새 광고는 분칠과 꼬드김을 넘어 숫
제 으름장이다. 그 물건 사지 않으면 낙오자 된다고 을러대는 것
이다. 홍세화 선생님은 "당신이 사는 곳이 당신이 누구인지를 말
해 준다"는 아파트 광고를 보고 놀랐다지만, 어쩌면 이 나라에서
그건 예사로운 일인지도 모른다. 비단 '사는 곳'뿐 아니다. 입는
것과 먹는 것, 들고 다니는 것과 타고 다니는 것이 다 '신분'을
드러내는 도구가 된다. 그래서 이참에 국어사전을 아예 다음과
같이 고치는 게 어떨까.

아파트 : 거기 사는 사람이 얼마나 돈이 많고 힘이 센지를 나타내
　　　　는 신분증의 한 가지. 자동차, 골프장회원권, 미군부대출
　　　　입증도 비슷한 구실을 하지만 노름밑천까지는 안 된다는
　　　　점에서 아파트에 못 미친다.

　노름밑천으로 말하자면 아파트만 든다고 서운해할 것들 많다.
땅과 높은 집(빌딩)은 말할 것도 없고 그림과 도자기 같은 미술
품도 어느새 그리되었다. 삼천리 금수강산과 자랑스러운 문화유
산이 다 투기꾼들 먹잇감 된 지 오래란 얘기다. 하지만 땅과 집,

그림과 도자기에 무슨 죄가 있을쏜가. 그런 걸 다 노름밑천으로 삼는 사람들이 문제지.

혹시라도 정색하는 분 있을까 봐 덧붙이거니와 여태 한 말 다 진담 아니다. 국어사전을 고칠 게 아니라 말뜻을 본디대로 돌려 놓는 게 옳겠지. 밤낮 돈, 돈, 돈 하는 세상에 알게 모르게 길들어 가는 내가 한심해서 어깃장을 한번 놓아 본 것뿐이다.

팥죽 한 숟갈과 책 한 권

어렸을 때, 학교에서 빌려 온 동화책이나 소설책(그때 아이들이 책을 빌릴 수 있는 곳은 거의 학교뿐이었다)을 밤늦게까지 읽다 보면 십중팔구 어른들 꾸중이 날아왔다. "책 좀 그만 보고 자라."는 꾸중이었는데 그 까닭이 묘했다. 잠 모자란다고 해서도 아니요, 눈 나빠진다고 해서도 아니었다. 다만 호롱불 기름 닳는 게 아깝다는 거였다. 하긴 쌀 한 됫박이 아쉬운 시절이었으니 이해 못할 바는 아니다.

그런데 밤늦게까지 책을 읽는다고 언제나 꾸중을 듣는 건 아니었다. 어떨 땐 아무리 늦게까지 책을 읽어도 꾸중은커녕 오히려 칭찬 들을 때가 있었으니, 바로 교과서나 참고서 또는 그와 비슷한 책을 볼 때였다. 그런 책은 으레 공책을 옆에 두고 뭘 쓰거나 베끼거나 하면서 보았는데, 그건 어른들 눈에 '공부하는 것'으로 비쳤던 모양이다. 그러니까 그때 어른들 눈엔 세상 모든 책이 딱 두 가지로 보였던 거다. 교과서나 참고서 같은 '공부 되는' 책과 그 밖의 모든 '쓸데없는' 책으로. 동화책은 말하나 마나 뒤에 든다.

'공부 되는' 책은 어디서나 읽기가 강요되었다. 학교 선생님들은 틈만 나면 이렇게 말했다. "학생이 교과서를 안 가지고 학교에 오는 것은 군인이 총을 안 가지고 전쟁터에 나가는 것과 같다." 또 이렇게도 말했다. "교과서는 읽고 또 읽어서 달달 외워라. 눈을 감으면 교과서 몇 쪽 몇째 줄에 무엇이 있는지 훤히 떠올라야 한다." 그렇게 읽기를 강요받은 교과서나 참고서에서 나는 평생 한 번도 감동받은 적 없다. 재미있어 시간 가는 줄 모르고 읽은 적도 없다. 그런 책은 그저 지겨운 종이묶음에 지나지 않았다.

하지만 어른들에 의해 '쓸데없는' 것으로 규정된 책들은 달랐다. 그것들은 우선 재미있었다. 그뿐 아니라 감동스럽고 유익하기까지 했다. 한창 활활 타오르는 상상 욕구와 호기심도 채워 주었다. 어른들은 그런 책을 아까운 호롱불 기름 없애 가며 읽는 걸 못마땅해했지만, 그렇다고 아주 막지는 않았다. 꾸중이 날아와도 호롱불 심지나 좀 낮추고 읽으면 헛기침 두어 번으로 모르는 척해 주었다. 말하자면 그런 책들은 '읽어도 그만 안 읽어도 그만'인 가외의 책이었던 셈이다. 하지만 그때 호롱불 아래 숨죽이며 읽었던 그 동화책, 소설책들은 아직까지도 내 기억 속에 강렬한 설렘과 함께 남아 있다.

생뚱맞게 이런 생각도 해 본다. 그때 만약에 어른들이 동화책이나 소설책 읽는 것을 되레 강요했더라면? 목표를 정해 놓고 몇 권 넘게 읽으라고 윽박질렀다면? 그래도 나는 그런 책들을 그렇게 재미나게 읽을 수 있었을까? 거꾸로 교과서나 참고서가 공부 때문에 억지로 읽어야만 하는 책이 아니었다면? 밤늦게까지 호롱불 기름 없애 가며 읽는다고 꾸중이나 듣는 책이었다면? 그래도 그렇게 지겹기만 했을까?

언젠가 초등학생 자녀를 둔 어머니한테서 이런 말을 들었다. "우리 애가 선생님 옛이야기책을 참 좋아해서 즐겨 읽었는데, 그 책이 학교 독서퀴즈 '출제도서'가 되면서부터 그만 안 읽으려고 해요." 그럴 것이다. 시험 보기 위해 억지로 읽어야 하는 책에 누가 흥미를 갖겠는가. 또 이런 말도 들었다. "아이한테 책을 좀 더 많이 읽히려고 목표치를 정하고 읽은 책 목록을 적게 했더니 전보다 책을 더 안 읽어요." 이 또한 고개가 끄덕여지는 일이다. 만약 누가 나한테 그렇게 해도 책읽기가 싫어질 것이다.

감히 말하거니와, 책읽기야말로 우리 삶에서 놀라운 깨달음과 발견의 경험이다. 그것은 이 세상 수많은 스승, 이웃, 동무들 경험과 생각을 고스란히 내 삶의 영역에 옮겨 놓는 과정이다. 특히 나이 어린 아이들에게는 새로운 세상과 만나는 중요한 통로이다. 어찌 가슴 뛰는 일이 아니랴. 하지만 아무리 즐거운 일도 강요당하면 싫어지는 법이다. 사람에게 자의식과 자유의지가 있는 한 그렇다.

이런 옛이야기가 있다. 옛날에 형제가 살았는데, 하루는 아우가 팥죽을 가지고 고개를 넘다가 배고픈 꿩을 만났다. 아우는 가지고 가던 팥죽을 한 숟갈씩 떠먹여 꿩을 살렸고, 그 덕분에 꿩의 도움을 받아 부자가 됐다. 그 소식을 들은 형은 자기도 팥죽을 가지고 고갯마루에 올라갔다. 하지만 아무리 기다려도 꿩이 나타나지 않자 형은 꿩 한 마리를 잡아 팥죽을 떠먹였다. 그런데 그 꿩은 배가 불러 팥죽을 한 숟갈도 먹고 싶지 않았고, 그런데도 억지로 떠먹이자 그만 체해서 죽어 버렸다. 꿩을 죽음에 이르게 한 형이 벌을 받았음은 물론이다.

아우의 팥죽이나 형의 팥죽이나 다 같은 팥죽이다. 한쪽엔 약이 들고 다른 쪽엔 독이 든 것도 아니다. 그런데도 아우의 팥죽은 꿩을 살렸고 형의 팥죽은 꿩의 목숨을 앗아 갔다. 먹이는 방식이 달랐기 때문이다. 이야기 속 팥죽 한 숟갈을 책 한 권에 비길 수는 없을까. 우리는 대개 아이들에게 읽히는 책이 어떤 책이냐를 따진다. 마땅한 일이다. 하지만 '어떤' 책을 읽히느냐에 못지않게 중요한 것이 '어떻게' 읽히느냐이다. 억지스런 강요와 지나친 수량화, 경쟁 부추기기와 같은 방식이 과연 아이들에게 책 읽는 버릇을 길러 줄 수 있을까. 되레 책이라면 정나미가 떨어지게 만들지나 않을까.

우리나라만큼 어른들이 아이들에게 책읽기를 강조하는 나라도 없을 것이다. 그런데도 많은 아이들은 어른이 되는 순간 들고 있던 책을 집어던지고 만다. 그러고는 지긋지긋한 책읽기에서 '해방'되었다고 느낀다. 경제협력개발기구 나라들 가운데 우리나라 사람들 독서량이 가장 적다는 통계가 그것을 증명한다. 왜 그럴까? 어릴 때부터 지나치게 책읽기를 강요받은 탓은 아닐까? 거듭 말하지만 책읽기는 그 무엇보다도 경이롭고도 행복한 경험이 될 수 있다. 강요되지 않는 한은.

우리 신화 새롭게 보기

    간단한 문제 하나를 풀고 나서 이야기를 시작하자. 다음 이름을 보고 누구인지 알겠으면 ○표, 잘은 모르지만 많이 들어 봐서 귀에 익으면 △표, 처음 들어 보는 낯선 이름이면 ×표를 해 보자. 헤라클레스, 로키, 오시리스, 항아, 할락궁이.

    그럼 이제 저 이름의 정체를 알아보자. 모두 신화에 나오는 신의 이름이다. 앞에서부터 차례로 그리스신화, 북유럽신화, 이집트신화, 중국신화, 그리고 우리 신화다. 뭔가 이상하다고? 그럴 것이다. 모두들 낯설다고 ×표를 했을 '할락궁이'가 바로 우리 신이다.

    우리가 흔히 쓰는 컴퓨터 글틀(워드프로세서)에는 맞춤법 검사

기능이 있는데, 위의 이름을 차례로 쳐 보면 마지막 '할락궁이'에서 틀렸다는 표시로 빨간 밑줄이 그어진다. 컴퓨터 프로그램조차도 남의 나라 신들은 잘 아는 반면 우리 신은 모른다는 얘기다. 그러니 일반인이 우리 신을 모르는 건 당연하다.

많은 사람들이 우리 신화를 아느냐고 물으면 이렇게 대답한다. "그럼요. 단군신화도 알고 고주몽신화도 알지요. 또 뭐가 있더라? 박혁거세신화, 비류온조신화, 김수로왕신화……." 거기서 더는 진도가 잘 나가지 않는다. 가만히 보면 모두가 건국신화, 즉 건국영웅담이다. 정말 우리 신화에는 그것밖에 없을까?

대별왕, 소별왕, 강림도령, 바리데기, 감은장아기, 자청비, 황우양, 사만이, 여산부인과 녹두생이, 궁상선비와 해당금이……. 이 모두가 우리 신화에 나오는 신들 이름이다. 이들 신화는 오랜세월 이름 없는 백성들 사이에서 구전되어 왔으며, 그래서 그 삶과 생각이 그대로 녹아들어 있다.

서양신화에 익숙한 사람들은 우리 구전신화를 처음 만나면 한동안 어리둥절해한다. 지금까지 알고 있던 신화의 틀과 다르기 때문이다. 신은 처음부터 모습을 드러내지 않고, 사람들 이야기가 펼쳐지다가 끝에 가서야 나타난다. 신은 위엄과 권위를 갖춘 존재라기보다는 이웃집 할머니, 아저씨처럼 친근하다. 그래서 많은 사람들은 이렇게 묻는다. "이런 이야기도 신화라 할 수 있나요?"

우리가 우리 신화를 낯설어하는 것은 다른 까닭이 있어서가 아니다. 여태 너무나 서양신화에 길들여져 왔기 때문이다. 그리스·로마신화를 비롯한 서양신화는 신화로서뿐 아니라 소설, 영화, 만화, 별자리와 상품 이름에 이르기까지 다양한 모습으로 우리 삶에 깊숙이 파고들어 왔다. 그리하여 마침내 우리 정서마저 바꾸어 놓았다. 그동안 조상들이 물려준 우리 구전신화는 박물관 진열장에 갇혀 있거나 학자들 연구논문 주석에 매달려 있을 뿐이었다. 보급이 안 되니 낯선 것은 당연하다.

우리 구전신화에는 몇 가지 특징이 있는데, 첫째가 과정중심이라는 것이다. 처음에는 "옛날 옛적 어디에 아무개가 살았는데……" 하고 민담이나 전설과 다름없이 이야기가 진행되다가, 끝에 가서야 주인공은 신성을 얻는다. 물론 그동안 수많은 어려움을 겪고 이겨 낸 결과다. 이런 과정을 거쳐 신이 되니 사람 사정을 속속들이 모를 리 없다. 우리 신화에 나오는 신들이 모두 사람과 비슷한 정서를 가지고 사람처럼 행동하는 것은 우연이 아니다.

이를테면 '세경본풀이'라는 신화에는 문도령, 자청비, 정수남이라는 세 청춘남녀가 등장하여 삼각관계를 이루며 흥미진진하게 이야기를 펼쳐 나간다. 나중에 갈등이 풀리고 관계가 정리되면서 세 사람은 각각 곡식, 채소, 목축을 관장하는 농신이 된다. 사람일 때 무수한 고난을 이겨 내고 꼬인 실타래처럼 얽힌 관계를

푼 경험이 있으니 아무리 어려운 농사일인들 못 다스리겠는가.

우리 신화 특징 중 둘째는 신이 일상 속 친근한 사물에 깃들어 있다는 점이다. 서양신화처럼 태양이니 사랑이니 하는 거대한 자연물이나 추상관념에 얽혀 있는 게 아니라, 손만 뻗으면 닿을 구체물에 신이 깃들어 있다. 집지킴이신은 그중 대표가 될 만하다. 집안 곳곳마다, 이를테면 대들보, 부뚜막, 곳간, 장독대, 대문간……, 심지어 뒷간에도 신이 있어 지켜 주니 얼마나 마음 든든한가.

우리 신화에서 산을 지키는 신이 산신령이라면 물을 지키는 신은 용왕이다. 그런데 이 두 신은 일 나누기(역할분담)가 참 잘되어 있다. 이를테면 그리스신화에 나오는 포세이돈은 혼자서 이 세상 바다를 다 지킨다지만, 우리 용왕님은 동해, 남해, 서해 바다에 다 따로 있고 뭍에도 강마다 호수마다 다 따로 있어 그 수가 많다. 산신령도 마찬가지다. 백두산, 한라산, 금강산 같은 큰 산은 말할 것도 없고 마을 앞산, 뒷산에도 산신령님이 다 따로 있어 지켜 준다. 이처럼 마을마다 곳곳마다 신이 있는 것은 우리 신화가 다만 이야기로서뿐 아니라 삶의 한 부분으로 민중과 교감했음을 말해 준다.

실제로 옛날 어른들은 아이들에게 곧잘 이렇게 가르쳤다. "뒷간에 들어갈 때는 반드시 몇 걸음 앞에서 기척을 내라." 안 그러면 측신(뒷간신)이 놀라서 사람을 해코지한다는 거였다. 어른들은 또 이렇게도 가르쳤다. "부뚜막에 칼 같은 쇠붙이를 함부로 올려놓지 마라." 조왕신이 노하면 집안에 화가 미친다는 게 그 까닭이었다. 이를 단순히 미신으로 얕볼 것이 아니라, 신화를 앞세운 훌륭한 예절교육이자 안전교육으로 보는 눈이 필요하다.

우리 신화에 나타나는 셋째 특징으로는 사람다움을 들 수 있다. 서양신화가 신을 가운데 놓는다면, 우리 신화는 철저히 사람 중심으로 펼쳐진다. 신은 사람이 모든 문제를 해결하고 끝에 가서 좌정하는 존재이거나, 사람 문제를 해결하기 위해 등장할 뿐이다. 신의 권능은 신들을 위해서가 아니라 사람을 위해 쓰인다. 신들끼리 사랑하고 미워하는 모습은 거의 볼 수 없고, 늘 사람과 신이 교감하고 소통한다. 신이 사람을 징치하기도 하지만 그것은 사람이 다른 사람을 해치고 괴롭힐 때뿐, 그 밖에는 늘 사람을 돕는 위치에 있다.

이처럼 아기자기하고 재미있는 신화가 많이 있음에도 우리는 여태 몇 안 되는 건국영웅담이 우리 신화의 전부인 양 여겨 왔다. 아까도 말한 바와 같이 이것은 향유자인 대중의 문제가 아니라 전문가들이 보급을 소홀히 한 탓이다. 특히 나 같은 작가들 책임이 크다. 다행히 요새 들어 우리 구전신화를 다룬 책이 많이 나와 일반의 관심도 높아지고 있다. 앞으로 가공과 보급이 더 활발해져 대중의 사랑을 더 많이 받게 된다면, 우리 신화가 그리스·로마신화 못지않은 '세계 속의 신화'가 될 날도 멀지 않을 것이다.

4
아름다운
함께하기

아름다운 함께하기

　오래전에 겪은 일이다. 집에서 시내에 나가려고 버스를 탔는데, 그날따라 운전사가 운전을 아주 우악스럽게 했다. 떠날 때와 멈출 때는 부르릉 덜컹, 굽이를 돌 때는 휘익 쌩, 이러니 마음이 조마조마하여 바늘방석에 앉은 기분이었다. 다행히 버스 안에 손님이 많지 않아 모두 자리에 앉아 있었기에 그럭저럭 별 탈 없이 가긴 했다.

　그런데 버스가 어느 정류장에 멈춰 서자 할아버지 한 분이 올라탔다. 할아버지는 문 앞 층층대를 밟고 오르느라 몹시 꾸물거렸다. 운전사는 몇 마디 불평을 늘어놓더니, 할아버지가 층층대를 미처 다 오르기도 전에 왈칵 차를 움직였다. 그 바람에 할아버지 몸이 기우뚱거리며 금방이라도 쓰러질 것처럼 보였다.

그때 앞쪽에 앉아 있던 한 아주머니가 얼른 달려가 할아버지를 부축했다. 곧 다른 자리에 앉아 있던 젊은이도 달려가 거들었다. 덕분에 할아버지는 무사히 빈자리에 앉았다. 자리가 정돈되자 누군가 운전사에게 좀 천천히 운전해 달라고 말했다. 운전사는 또 뭐라고 불평을 늘어놓았지만 여기저기서 비슷한 항의가 나오자 이내 입을 다물었다. 한 중년남자는 그러다가 손님이 다치기라도 하면 당신에게 책임이 돌아갈 테니 이건 결국 당신을 위해 하는 말이 아니겠느냐고 부드럽게 타일렀다. 운전사는 아무 말도 하지 않았지만, 그 뒤로는 운전하는 본새가 눈에 띄게 얌전해졌다.

별것도 아닌 일이었지만 그날 나는 참 가슴이 뿌듯했다. 나뿐 아니라 그 버스에 탄 사람들 모두가 그랬을 것이다. 손님들은 모두 한식구나 된 듯 서로 눈이 마주치면 정답게 웃었고, 버스에서 내릴 때는 서로 인사를 주고받기도 했다. 정류장에 버스가 멎자 나는 여느 때와 달리 전혀 서두르지 않고 천천히 층층대를 밟고 내린 뒤, 미끄러지듯 조용하게 떠나는 버스 꽁무니를 바라보며 무척 즐거워했던 기억이 난다.

함께하기(연대)란 이런 것이다. 그것은 평소에 억눌려 기를 못 펴고 살아온 사람들도 스스로 힘이 있다는 걸 깨닫는 의식과도 같다. 또한 그런 사람들이 손잡고 벌이는 즐거운 잔치와도 같다.

물리력으로 따지면 지푸라기 하나 꺾을 힘도 없는 이들이지만 서로 손을 맞잡는 순간 세상에 무서울 것이 없어진다. 그래서 함께한다는 것은 세상에서 가장 아름다운 말이다.

내가 학교에 있을 때는 이런 일도 있었다. 한번은 아이들과 함께 모둠 규칙을 정하다 보니 이런 것도 들어가게 됐다. 모둠 안에 누구든지 숙제 안 해 오는 아이가 있으면 그 모둠이 그날 교실청소를 하게 하자는 것. 벌로 청소를 시킨다는 게 좀 꺼림칙했지만 숙제 안 해 오는 아이 버릇을 고칠 수도 있겠다 싶어서 그냥 두었다.

아니나 다를까, 탈은 곧 나타났다. 한 모둠에 숙제를 자주 빼먹는 아이가 있어 그 모둠 아이들이 청소를 도맡아 놓고 하게 된 것이다. 나는 숙제 자주 빼먹는 아이가 따돌림당하지나 않을까 걱정했는데, 실제로 그 모둠 아이들이 보여 준 행동은 딴판이었다. 청소를 마치고 나서 모두들 둘러앉아 그 아이 숙제를 도와주고 있었던 것이다. 얼마나 아름다운 모습이었던가! 나는 그날, 내 편리를 좇아 무리한 규칙을 정해 놓고도 그 잘못조차 깨닫지 못한 나 자신을 나무라며 뉘우치고 또 뉘우쳤다.

함께하기는 아름다운 만큼 강하다. 어떠한 폭력도 그 앞에서는 맥을 못 춘다. 뿔뿔이 흩어지면 가랑잎처럼 여리어 단 한 번의 비질에도 휩쓸려 가지만, 함께 모여 손잡는 순간 태산처럼 든든하여 그 어떤 폭풍우도 이겨 내는 것이 연대의 힘이다. 예로부터 정통성 없는 권력은 이것을 두려워했다. 그리하여 맞잡은 백성들의 손을 떼어 놓는 데 온갖 힘을 쏟았다. 교묘한 수단으로 서로 눈치 보며 등 돌리게 만들었다.

연좌제와 주민신고제라고 하는 것도 바로 이 야만의 오랏줄 중 하나이다. "이웃집에 오신 손님 간첩인가 다시 보자." 한때 국가권력은 태연히 이런 표어를 여염집 담벼락에 붙여 놓고 백성들끼리 서로 감시하게 했다. 겁 많은 백성들은 행여 나와 내 식구한테 화가 미칠세라 권력이 시키는 대로 충실히 이웃집을 감시했다. 그러다가 혹시 이웃 사람이 아무 잘못도 없이 덤터기를 쓰고 잡혀가도, 그를 두둔해 주기보다는 나와 내 식구가 다치지 않은 것만을 다행으로 여겼다.

요새는 이러한 막무가내 폭력이 줄어들었다지만 국가권력의 '분리통치'는 여전하다. 시위가 일어날 때마다 '배후세력'을 들먹이는 것도 다 이러한 속셈에서 나온 것이다. "너희들은 그럴 사람들이 아닌데 불순세력의 꾐에 넘어가 그런 것이니 이번만은 용서해 주겠다. 앞으로는 말을 잘 들을 거지?" 그리고 '본보기'로 몇몇 발칙한 백성들을 잡아다 주리를 튼다. 그러면 마음 약한 대다수 백성들은 그만 기가 팍 죽어서 팻말을 집어던지고 뿔뿔이 집으로 돌아가는 것이다.

다스리는 쪽 처지에서 보면 무리들이 서로를 믿지 못하고 눈치를 볼수록 다스리기 쉬워진다. 바람결에 흩어진 모래알에게 무슨 힘이 있을쏘냐. 뿔뿔이 흩어진 모래알은 이웃이 내민 도움의 손길마저도 의심하며 뿌리친다. 이제는 무리들끼리 싸움을 붙이는 일만 남았다. "여기에 맛난 열매가 있다. 누구든지 먼저 달려오는 사람이 이 열매의 임자다!" 순진한 백성들은 권력이 던진 '선착순' 덫에 빠져 눈이 벌게져 엎어지고 자빠지며 서로를 밀치며 앞을 다툰다.

오로지 함께하기만이 이 야만의 사슬을 풀 수 있다. 함께하기야말로 약자들이 강자의 횡포와 억압에 맞서는 가장 효과 있는 방식이다. 버스에 탄 손님들이 꾸물대느라고 자기들의 시간을 빼앗은 할아버지에게 눈총만 주고 앉아 있었더라면 운전사의 난폭운전을 막을 길은 끝내 없었을 것이다. 모둠 아이들이 숙제를 안 해 와서 자신들로 하여금 억울한 벌을 받게 한 아이에게 눈이나 흘기고 있었더라면 그 억울한 벌을 면할 길은 영영 없었을지도 모른다. 버스 손님들과 모둠 아이들은 슬기롭게도 함께하기의 길을 찾음으로써 자신들을 향한 위협과 폭력으로부터 훌륭히 자기들을 지켰다.

나는 한때 이런 선생님들을 보았다. 학기말에 휴가를 낸 옆 반 선생님 대신 보결수업을 하느라 애를 먹으면서도, 눈치 없이 한창 바쁠 때 휴가 낸 선생님을 원망하는 대신 교육청에 보결수업 전담교사 배치를 당당하게 요구하는 선생님들을. 비록 시간이 걸리긴 했지만 요구는 결국 받아들여졌고, 그 선생님들은 휴가에서 돌아와 '민폐를 끼쳤다'고 미안해하는 동료 선생님의 어깨를 다정하게 두드려 주었다. 이것이 바로 세상에서 가장 아름다운 이름, 함께하기의 큰 모습이다.

우리가 타오르는 촛불을 보며 잔잔한 감동을 느끼는 것도 바로 이 때문이다. 거기에는 자기 이익을 챙기려는 다툼도 없고 서로를 의심하는 눈치 보기도 없다. 그 대신 서로 맞잡을 수 있는 따뜻한 손이 있고 서로 기댈 수 있는 든든한 어깨가 있다. 이 아름다운 연대가 깨지지 않는 한 그 무엇이 두려우랴. 다만 의를 모르는 무자비한 폭력이 이 아름다움을 무참히 짓밟아 버릴까 가슴 졸일 뿐.

손님이 왕이라고?

왕과 봉, 또는 종

　인터넷이 잘 안되어 통신회사에 전화를 걸었더니 인사말 첫마디가 이렇다. "사랑합니다, 고객님!" 그러고 보니 요새는 어딜 가나 웬만한 인사말은 다 저렇더라. 백화점에 가도 그렇고 은행에 가도 그렇다. 사랑한다니 기분 나쁠 건 없는데, 나 같은 시골 뜨기가 듣기에 좀 얼떨떨한 건 사실이다. 전혀 모르는 사람이 사랑한다고 하니 말이다. 어디에 사는 누구인지도 모르는, 더구나 착한지도 나쁜지도 모르는 사람을 사랑하는 건 부처님이나 예수님쯤 돼야 할 수 있는 일 아닌가.

　괜한 딴죽을 건다고 나무라기 전에 내 얘기를 조금만 더 들어주기 바란다. 인사말뿐 아니라, 요새 이른바 서비스업종에서 일하는 사람들 태도를 보면 과연 '손님은 왕'이라는 말이 실감 난다. 이를테면 큰 가게 같은 델 가면 주차장 들머리에서부터 제복 입은 '주차관리요원'들이 곳곳에서 허리를 90도로 꺾으며 정중하게 인사하고, 안으로 들어서면 예쁘게 차려입은 젊은 여자들이 양쪽에 줄지어 서서 공손한 '배꼽인사'로 맞아 주니 말이다. 어디 그뿐인가. 가게를 지키는 직원들은 마치 근위병처럼 흐트러짐 없는 자세로 서 있고, 물건을 파는 점원들은 말끝마다 '고객님, 고객님' 하며 사근사근하게 군다.

나 같은 좀생원은 그런 게 거북해서 몸 둘 바를 모르며 "아이고 참, 그냥 손님이라고 하지 고객님이 다 뭐야." 하면서 께름칙해하지만, 대접받기 좋아하는 사람이라면 마치 왕이 된 듯한 기분도 들 터이다. 그래서 "참 이 가게를 운영하는 기업 이름이 뭐였지? 종업원들 교육 제대로 시켰네." 하고 흡족하게 여길 만도 한 것이다. 그런데 정말로 손님은 왕인가? 내가 보기에는 절대 아니다.

우선 그 종업원들의 극진한 대접은 거기까지가 다다. 정작 진짜 서비스를 받으려고 이것저것 묻거나 따지거나 하면 금세 태도가 달라진다. "죄송합니다만 잘 모르겠습니다, 고객님." 또는 "죄송합니다만 그건 곤란한데요, 고객님." 같은 짧고 딱딱한 대답이 돌아오는 것이다. 어떤 이는 이를 두고 '얼치기 친절'이라고 비아냥거리기도 하고 '섣부른 이웃 나라 흉내 내기'라고 나무라기도 하는 모양이지만, 그건 나무만 보고 숲은 보지 못한 단견이다. 이건 결코(다시 힘주어 말하지만, 단연코) 그 직원들 잘못이 아니다. 그 친절이 거짓된 것이라면, 바로 그 거짓조차 철저히 '강요되었기' 때문이다.

들은 얘기지만, 서비스업종에서 일하는 사람들의 '일 스트레스'는 이만저만이 아니라고 한다. 거의 군대식이라고 해도 좋을 만큼, 이들은 엄격하고 고된 훈련으로 '고객에 대한 서비스'를 익힌다. 아니, 익힌다기보다 강요당한다. 왜 그래야 하는지, 거기에 어떤 뜻이 있는지 묻는 것조차 금지당한 채 그들은 앵무새처럼 위에서 시킨 말을 읊조리고 시킨 대로 허리 숙여 절을 한다. 어떤 경우에도 웃음이 입가에서 떠나면 안 된다. 게다가 매장에서 일하는 사람들은 일할 때는 절대로 자리에 앉아서는 안 된다. 하루 종일, 꼿꼿한 자세로 인형처럼 서 있어야만 한다.

그뿐 아니라 일하는 동안에는 끊임없는 감시가 따라붙는다. 이것도 들은 얘기지만, 걸핏하면 회사에서 윗사람이 손님인 것처럼 꾸미고 찾아와 일하는 모습을 살피거나 전화를 걸어 어떻게 응대하는지를 알아본단다. 이때 만약 훈련 받은 대로 하지 않았다간 당장 '잘리게' 됨은 물으나 마나이다. 손님들이 일러바치는 경우도 종종 있다. 손님들이야 서비스가 마음에 안 든다고 항의 한 번 하면 그만이지만, 그런 항의 전화가 오면 '찍힌' 직원은 살아남기 힘들다. 짐작하다시피 이런 일을 하는 사람들은 거의

가 비정규직이다. 알다시피 우리나라에서 비정규직 목숨은 파리 목숨과 같다. 그래서 이들은 잘리지 않으려고 간 쓸개 다 빼놓고 위에서 시킨 대로 '종노릇'을 해야만 하는 것이다. "사랑합니다, 고객님!" 같은 게 절대로 좋아서 하는 인사말이 아님을 우리는 알아야 한다.

사정이 이러한데도 손님이 왕이라고? 아니다. 사실은 자본가가 왕이고 손님은 '봉'이다. 그리고 종업원들은 두말할 나위도 없이 '종'이다. 왕은 늘 그 자리를 지키고 있지만 봉과 종의 처지는 언제라도 뒤바뀔 수 있다. 가령 당신이 어떤 가전제품 대리점에서 물건을 파는 일을 한다 치자. 가게에 손님, 곧 봉이 나타나면 당신은 인형처럼 배꼽인사를 하고 앵무새처럼 외쳐야 할 것이다. "사랑합니다, 고객님!" 그날 퇴근을 하고 식구들과 백화점에 나들이를 가면 당신은 곧 봉이 되어 다른 종이 외치는 소리를 들을 것이다. "사랑합니다, 고객님!" 이렇듯 봉과 종이 그 구실을 넘나드는 동안, 그 봉의 소비와 종의 노동으로 진짜 돈을 버는 사람은 가전제품회사와 백화점을 '소유'한 자본가이며, 이 자리는 결코 바뀌지 않는다.

과부 사정은 홀아비가 안다고, 봉은 종의 처지를 잘 헤아릴 만하다. 그런데도 많은 사람들은 봉이 되는 순간 자신이 마치 왕이 된 듯한 착각에 빠져 버린다. 그리고 종을 마음대로 부리는 것이 왕으로서 당연한 권리라고 쉽게 믿어 버린다. 그래서 불쌍한 종에게 온갖 시중들기를 강요하며 때때로 가벼운 모욕도 줘 가면서 만족감을 느낀다.

만약 당신이 자본가라면, 그리고 노동자나 소비자의 권리 같은 건 엿이나 먹을 헛것이라고 여긴다면 내 말을 듣지 않아도 좋다. 당신은 진짜 왕이기 때문에 언제까지나 봉을 구워삶으며 종을 부려도 좋다는 얘기다. 하지만 당신이, 또는 당신 식구나 친구나 이웃 중의 누군가가 노동자라면 어서 빨리 왕이 걸어 놓은 최면에서 깨어나야 한다. 당신은 왕이 아니다! 당신이 여태 종이라고 믿었던 사람은, 알고 보니 당신 자신이거나 식구거나 동무거나 이웃이지 않은가. 그러니 이제부터는 어느 가게 점원이 몰래 걸상에 앉아 쉬더라도 사장에게 전화하지 말 것이며, 어느 백화점 주차장 일꾼이 90도로 허리 숙여 절을 안 했다고 해서 홈페이지 '고객의 소리' 난에 불만 글을 올리지 말기를!

그리고 무엇보다도 우리는 더 슬기로운 소비자가 돼야 한다. 골치 아픈 얘기지만 자본주의 사회에서는 용역도 상품이다. 그러니 진짜 질 좋은 서비스를 받고 싶으면 겉꾸밈에 홀리지 말아야 한다. "사랑합니다, 고객님!"과 같은 낯간지러운 인사말이나 "오로지 고객만이 우리의 왕이십니다." 따위의 요란한 광고만 보고 어깨를 으쓱하지 말아야 한다는 뜻이다. 그보다는 서비스의 전문성과 합리성, 투명하고 양심다운 경영, 그리고 무엇보다도 자기 회사 노동자를 얼마나 사람답게 대접하느냐를 중하게 여겨야 한다는 말이다. 봉이 된 소비자가 깨어나지 않는 한 자본은 언제까지나 자기 회사 노동자를 닦달하고 착취해서 이윤을 얻는 틀에서 벗어나지 않을 것이다. 왜냐하면 그게 가장 손쉬운 길이기 때문이다.

사족 한마디. 어딜 가나 앞장서서 손님을 맞고 안내하거나 인사하는 직원들은 왜 하나같이 여자들인가. 게다가 예쁘고 날씬한 젊은 여자들! 행사장 안내원도 백화점 점원도 비행기 승무원도 다 그렇다. 생각컨대 그런 일들은 저마다 다른 능력을 요구할 것 같은데? 행사장 안내원에게는 행사에 대한 폭넓은 지식이, 백화점 점원에게는 상인으로서 전문성과 양식이, 비행기 승무원에게는 위험에 대처하는 능력이 가장 필요할 것 같은데 말이다. 그게 성별이랑 외모와 무슨 관계지? 그 사람들은 노동자가 아니라 무슨 노리개라도 된단 말인가? 방정맞은 소리란 건 알지만, 이 나라 어디를 가든 힘과 돈과 지위를 가진 권력자들은 거의가 '얼굴에 기름깨나 낀' 나이 든 남자들이란 데 생각이 미치는구나. 내 생각이 부디 틀렸기를!

뭐라도 하기, 또는 웃고만 있기

동화작가 권정생 선생님은 일찍이 찾아오는 손님들에게 "승용차를 타고 오려면 나한테 오지 마시라."고 타일렀다. 그러면? 설마 서울이나 부산에서 그곳까지 걸어오라는 뜻은 아니겠지? 두말할 나위도 없이 그건 기차나 버스를 타고 오라는 뜻이다. 선생님은 또 이렇게도 말했다 한다. "승용차 타고 다니는 사람들 때문에 이라크에 전쟁이 난다." 이 말을 전해 들은 사람들 중 많은 이들이 웃었다. 웃은 이들은 그 말을 그냥 우스개로 받아들였거나, 아니면 지나친 건너뜀이라고 생각했음 직하다.

시인 서정홍 선생님은 버스를 탈 때 버스표가 없으면, 일부러 길을 건너 멀리 가서라도 꼭 버스표 파는 곳에서 표를 사서 버스를 탄다고 한다. 현금을 내고 타면 차비가 더 비싸서? 아니다. 내가 조금만 다리품을 팔면 버스표 파는 사람이 한 푼이라도 더 벌게 된다는 생각 때문이다. 이 말을 전해 들은 사람들 중 몇몇 이들도 웃었다. 너무 자질구레한 일에 얽매여 산다고 여겨 웃은 걸까?

내가 아는 사람 가운데 커피를 무척 좋아하는 이가 있다. 그런데 그이는 커피를 살 때마다 일부러 먼 길을 가서 시세보다 비싼 '공정무역 커피'를 산다. 공정무역 커피가 뭐냐고? 나도 들어서 아는 거지만, 우리가 커피전문점에서 사 마시는 커피 한 잔 값의 99.5퍼센트는 미국 커피회사와 중간상인들 몫이다. 나머지 0.5 퍼센트만이 커피 재배농가에 돌아간다. 그러니까 만약 우리가 2천 원짜리 커피 한 잔을 사 마셨다면, 그중 단 10원만이 커피농장에서 땀 흘려 일한 일꾼들(대부분 어린아이들이다)에게 건네진 다는 것이다. 그래서 지나친 임금착취 없는 회사 커피를 사 마시자는 것이 바로 공정무역 커피 운동이란다. 하지만 이 경우에도 커피농가에 돌아가는 수익은 전체의 5, 6퍼센트에 지나지 않는다니 놀랍다. 이 말을 들은 어떤 이도 허허 웃었다. 그러려면 차라리 기부금을 내는 게 낫지 그게 무슨 도움이 되겠느냐면서.

「녹색평론」102호에는 '미국소의 추억, 혹은 어느 양심적 잡식가의 고백'이라는 글이 실려 있다. 이 글을 쓴 분은 본디 고기를 좋아하던 자기가 어떻게 나물만 먹고 살게 됐는가, 또 그러다가 어떻게 고기를 '조금씩만 가려서' 먹게 됐는가를 알아듣기 쉽게 설명해 준다. 글쓴이를 채식주의자로 이끈 동무는 집짐승들을 '대량사육'하느라고 환경이 얼마나 나빠졌는지, 또 그 집짐승들이 얼마나 비참하게 살다가 죽어 가는지를 설명하면서 이렇게 덧붙였다. "내가 고기를 먹기 위해서 땅이 그렇게 쓰이고 동물이 그런 대우를 받는 것은 옳지 않다고 생각해."

이 글에는 또 글쓴이가 아무 생각 없이 사 입은 스웨터를 보고 동무들이 놀라더라는 이야기도 전해 준다. 그 동무들은 이렇게 말했다. "너 그거 샀어? 그게 어떤 회사에서 만든 건지 몰라?" 그리고 덧붙였다. 그 회사에는 노조가 없다고. 그 회사는 이른바 제3세계 아이들의 등골을 빼먹는 회사라고. 글쓴이가 그 말을 듣고 부끄러워했음은 물론이다. 글에는 또 책을 살 때도 멀고 좁고 불편한 작은 책방까지 여행용 가방을 끌고 가서 산다는 얘기도 나온다. 가까운 곳에 있는 넓고 쾌적한 서점이 지나치게 이윤만을 밝히는 대기업 것이라는 까닭에서다. 이미 짐작했는지 모르지만, 이 모든 이야기들은 다 다른 나라에서 일어난 일들이다.

지루할지 모르지만 이 글 소개를 조금만 더 하겠다. 이런 일을 하면서도 글쓴이는 스스로 의심하거나 다른 사람들한테서 의심하는 말을 많이 들었다고 했다. "정말 이렇게까지 해야 하나?" 또는 "그런 저항이 무슨 의미가 있나요? 어차피 대세가 그런데." 하지만 언제나 끝에 가서는 이렇게 생각했다는 것이다. "하지만 뭐라도 해야 하지 않나?"

사실은 나도 그런 절망에 자주 빠져든다. 이를테면 일부러 자동차를 타지 않고 먼 길을 걸어 다니다가 녹초가 된 다음 날 아침, 신문에서 미군부대가 땅에 기름과 쓰레기를 얼마나 많이 버리고 묻었는지를 알리는 기사를 읽고 나면 맥이 탁 풀리는 것이다. 그리고 이렇게 생각하게 된다. "이러면 뭐해? 다 부질없는 짓이지."

권정생 선생님이 돌아가신 뒤에 많은 분들이 이런 말을 했다. 권정생 선생님은 성인과 같은 분이어서 우리는 절대 못 따라간다고. 옳은 말이다. 누구나 권 선생님처럼 살기는 어렵다. 하지만 그렇다고 해서 그것이 우리가 아무것도 안 하고 있어야 하는 까닭이 될 수는 없다. '뭐라도 하는 것'이 '그냥 웃고만 있기'보다는 나을 테니까 말이다. 그 '뭐라도 하는 일'이 너무 좀스러워서 아이들 장난 같아도 나쁠 건 없다. 그럼 어때? 아무리 보잘것없는 일이라도 가만히 있기보다는 나을 것 같은데?

그래서 나는 이 글을 읽는 분들에게 감히 제안한다. 이제부터 저마다 자기 자리에서 할 수 있는 일을 찾아보자고. 어려운 일보다는 쉬운 일부터, 거창한 것보다는 소소한 것부터 해 보는 건 어떨까. 이를테면 이런 것이다. 종이컵 안 쓰기, 젓가락 가지고 다니기, 지하철에서 층계로 다니기, 맥도날드와 스타벅스에 가지 않기, 미국 소고기 안 먹기, 고기보다 나물반찬 더 먹기, 노조가 없거나 노조를 탄압하는 회사 물건 안 쓰거나 덜 쓰기, 일주일에 한 번씩 재래시장에서 장보기, '착한 소비' 운동에 관심 갖기, '생협'과 '대안무역' 또는 '책임여행'과 '아름다운 가게'를 인터넷에서 찾아보기…….

물론 이런 일로 당장 세상을 바꾸기는 어려울 것이다. 어쩌면 많은 사람들이 걱정하는 대로 언제까지나 세상은 바뀌지 않을지도 모른다. 그렇더라도 해 볼 만한 가치는 있지 않을까. 만약 당신이 이런 일을 너무 좀스럽다고 여겨 꺼린다면 억지로 할 필요는 없다. 그래서 만약에 이보다 세상을 위해 더 크고 중요한 일을 하게 된다면, 물론 그 편이 훨씬 좋을 것이다. 하지만 만약에 이런 일을 두고 '괜찮은 일 같긴 한데, 이게 무슨 도움이 될까?' 하고 망설인다면, 그렇게 망설이지만 말고 뭐라도 당장 시작해 보라고 권하겠다.

슬픈 멍석말이 소동

얼마 전 미국에서 온 한 젊은 가수가 구설수에 휘말려 끝내 자기 살던 곳으로 쫓겨 갔다. 사연인즉, 몇 해 전 그 젊은이가 미국 인터넷사이트에 "한국이 역겹다.", "한국 사람 멍청하다.", "다시 돌아가고 싶다."는 글을 남겼고, 요새 한 누리꾼이 그 글을 찾아내어 인터넷에 퍼뜨렸고, 그걸 본 많은 사람들이 화를 내며 들고 일어났고, 드디어 그 가수는 견딜 수 없어 미국으로 돌아갔다는 것이다. 이 모든 일이 요 며칠 새 가랑잎에 불나듯이 후르르 일어났다. 처음 문제가 불거지고부터 쫓겨 갈 때까지 딱 사흘이 걸렸다.

요새 미국에서 온 연예인들이 얼마나 '잘 나가는지'는 나 같은 숙맥도 안다. 그 사람들이 텔레비전에 나와 서툰 우리말로 "미쿡에 살 때는 이뤘써요." 하면 사람들은 열광하고, '생선'과 '선생'이 헷갈려 말실수를 하면 사람들은 환호한다. 그 앞에서 '미국물' 한 번 안 먹어 본 '토종 연예인'들은 주눅이 들어 말도 잘 못하고……. 그 잘 나가던 미국 '본토' 가수에게 이게 웬 날벼락이란 말인가. 사람팔자 말 한마디에 달렸다는 건 빈말이 아니로구나. 그런데 아무래도 뜬금없는 건 그이에게 들씌워졌다는 죄목이다. '배신자'에서 '매국노'에 이르기까지 참 어마어마하기도 하다마는, 그쯤 되면 쫓아내는 것으로 그만둘 게 아니라 능지처참이라도 해야 하는 것 아닌가.

알다시피 '배신자'란 믿음을 저버리고 우리 편에서 다른 편으로 가 붙은 사람을 가리킨다. 그런데 그 가수가 언제 우리에게 충성맹세라도 했던가. 무슨 간첩 노릇이라도 했단 말인가. 처음부터 그 사람은 '미국 물' 먹은 철없는 젊은이에 지나지 않았다. 우리 편인 적도 없는 사람이 무슨 수로 배신을 하나? 게다가 '매국노'라니 끔찍하기도 해라. 이완용처럼 나라라도 팔아먹었다는 건가? 그냥 사사로운 인터넷 공간에서 욕 좀 한 것이 나라에 어떤 해를 끼쳤다는 거지? 눈곱만큼이라도 건더기가 있어야 나 같은 사람도 덩달아 욕 한마디 해 볼 텐데, 이건 도무지 비빌 언덕이 없으니 딱하다.

아무려나 이번 일을 지켜보는 나 같은 '기성세대'는 참 마음이 어수선하다. 쓸쓸하고 서글프고 남부끄럽고 한스럽다. 마치 태풍이라도 휩쓸고 지나간 듯, 한바탕 멍석말이 소동은 그렇게 끝났건만 뒷맛은 내내 개운치 않다. 사실 이 기괴한 야단법석은 낯선 것도 아니고 어제오늘 일도 아니다. 그럼 그게 전통이고 본성이냐고? 냄비에 물 끓듯 하는 괄괄한 우리네 '민족성' 때문이냐고? 아니다. 내 생각엔 이 놀랄 만한 '집단 팔매질'의 뿌리는 권력의 교묘한 '백성 길들이기'에 닿아 있다.

오래전부터 이 나라 권력은 필요할 때마다 '다짜고짜 멍석말이' 또는 '묻지 마 멍석말이' 판을 깔고 백성들에게 '미움의 삿대질'을 부추겨 왔다. 백성들의 애국심을 부추기기 위해 반역자를 만들어 내세운 다음 적개심을 북돋은 것이다. 그 팔매질의 대상은 시대마다 달랐다. 왕조시대에는 '역적'이었고 일제강점기에는 '불령선인'이었으며 해방 뒤에는 '빨갱이'였다. "역적이다!", "불령선인이다!", "빨갱이다!" 이 한 마디에 사람들은 이성을 잃었다. "어디, 어디?" 그리고 수많은 돌멩이가 그쪽으로 날아갔다. 거기 서 있는 얼마나 나쁜 사람인지 무얼 잘못했는지, 그런 건 문제가 되지 않았다. 열심히 팔매질만 하면 되었다. 이런 정서가 오랜 세월 동안 백성들 몸에 배어 마침내 눈에 뵈지 않는 괴물이 되었다. 이번 일은 사람들 마음속에 숨어 있던 그 괴물이 때마침 핑계거리를 만나 튀어나온 것에 지나지 않는다. 믿기지 않는다고? 좀 더 차근차근 얘기해 보마.

옛날 독재정권 시절에 이런 수수께끼가 있었다. "우리나라에서 가장 하기 쉬운 일은?" 정답은 '김일성 욕하기'이다. "우리나라에서 가장 하기 어려운 일은?" 정답은 당연히 '김일성 욕 안 하기'이다. 우스개이긴 하지만 아주 헛말은 아니었다. 그 시절 온 나라 담벼락은 "때려잡자 김일성!" 같은 구호로 철갑을 했고 '반공웅변대회' 같은 데서는 예닐곱 살 먹은 아이들도 핏대를 올려 가며 그에게 욕을 퍼부어 댔으니 말이다. 말 그대로 '공공의 적'이 따로 없었다. 김일성에게 욕을 가장 모질게 한 사람, 저주를 가장 섬뜩하게 퍼부은 사람이 가장 열성 어린 애국자가 되었으니 그런 마당에서 김일성 욕 안 하기란 얼마나 어려울 텐가. 실제로 1970년대 한 판자촌에 살던 아저씨는 자기 집 때려 부수는 철거반원에게 "야, 이 김일성보다 나쁜 놈아!" 하고 외쳤다가 반공법 위반으로 잡혀갔다. 왜냐고? 김일성이 세상에서 가장 나쁜 놈이어야 하는데, 감히 그를 두 번째 나쁜 놈으로 만들었으니 '고무찬양죄'라는 것이다[한홍구, 『대한민국사 3』 256쪽].

나는 학생 때 '반공궐기대회'에 나가 땡볕 아래 하늘 보고 종주먹질을 하며 고래고래 고함을 질렀던 기억이 수도 없이 많다. 물론 '북한괴뢰집단'(줄여서 '북괴') 김일성과 그 똘마니들에게 퍼붓는 저주를 담은 고함이었다. 그러고 보니 북쪽 사람들은 참 나쁜 짓도 많이 했던 것 같다. 걸핏하면 폭탄을 터뜨리고 비행기를 부수고 무장공비와 간첩을 내려보내고 '유언비어'를 퍼뜨려

'사회혼란'을 부추겼으니 말이다. 학생들은 육이오나 현충일이 되면 반공포스터를 그렸는데, 거의가 한반도 북쪽을 새빨갛게 칠하고 머리에 뿔난 괴물이 삼지창을 들고 남쪽을 위협하는 모습을 그렸다. 그런 그림을 하도 많이 봐서, 나는 북한 사람도 우리와 똑같은 사람이란 걸 중학생이 돼서야 알았다.

정통성 없는 권력일수록 자신을 지키기 위해, 또는 자신의 잘못을 감추기 위해 백성들의 군중심리를 교묘히 이용했다. 백성들은 마음속에 쌓인 응어리를 풀 곳이 필요했고, 권력은 '합법적으로' 그 응어리를 풀 수 있는 마당을 마련해 주었다. 그 멍석말이 마당은 애국심으로 덧칠해져 자못 숭고하기까지 했다. "나는 애국자다. 반역자들은 모조리 내 적이다!" 권력으로서는 온 백성들이 이런 애국심으로 무장하는 것보다 더 안전한 장치는 없었다. 히틀러의 나치가 왜 항상 '애국애족'의 깃발을 맨 앞에 내세웠는지, 그때 독일민중은 왜 그 구호에 속아 모두 기꺼이 학살자가 되었는지 역사는 안다. 애국심에 불을 지르려면 적이 필요했다. 나치는 그 적으로 유대인들과 장애인 소수자들을 내세웠다. 극우 백인 인종차별주의자들은 그 적으로 '유색인'들을 내세운다. 요새도 북미와 유럽에서 날뛰는 인종차별단체는 어김없이 애국심의 깃발을 흔들며 유색인에 대한 적개심을 부추긴다. 그 깃발 맨 앞에서 목에 핏대를 올리는 '첨병'들은 대부분 가난한 백인들이다. "저 유색인들이 네 일자리를 빼앗을 거야. 네 조상이 세운 나라를 지키려면 저 이방인들을 몰아내야 해." 이 속삭임에 속아 그들은 거리낌 없이 악마가 된다.

나라를 빼앗겼을 때, 일제는 조선 백성들 마음속에 애국심과 함께 적개심을 우겨 넣으려고 무진 애를 썼다. 그들이 말한 애국심이란 다름 아닌 '대일본제국'을 사랑하는 마음이었고, 적개심이란 일본의 적인 '연합국'을 미워하는 마음이었다. 그때 이 땅의 어린 학생들은 일본과 싸우는 '귀축미영' 즉 '귀신 짐승 같은 미국 영국' 놈들은 '가루를 내어 마셔도 속이 시원치 않은' 나쁜 놈들이라고 배웠다. 마찬가지로 독립운동하는 조선 사람은 파렴치한 불령선인이라고 배웠다. 그래서 아이들은 날마다 일본 왕이 있는 동쪽에 몸을 꺾어 절을 하며, 그 왕을 위협하는 연합국 서양인들과 조선 독립운동가들을 미워하고 욕했다.

해방 뒤 애국심의 대상은 당연히 대한민국이 되었고 적개심의 대상은 자연히 북한이 되었다. 북한을 싸고돌거나 북한과 비슷한 주장을 하거나, 심지어 북한을 심하게 욕하지 않는 사람까지 '빨갱이'가 되어 팔매질의 대상이 됐다. 요새는 그렇지 않지만 한때는 북한과 다른 나라가 운동경기를 할 때 북한을 응원하는 것조차 '불온시' 되었다. 여기서 우리는 권력이 만든 애국심과 적개심의 실체를 본다. 즉 애국심은 적개심을 만들기 위한 불쏘시개이고, 적개심은 어쨌든 그 대상이 '있기만 하면' 되는 것이다. 시대와 상황이 바뀌면 언제든 대상은 바뀔 수 있으며, 그게 누구

이건 아무 문제가 되지 않는다. 이번 '사태'의 본질은 이것이다. 애국심이라는 허깨비에 중독된 사람들에게는 적이 필요했고, 마침내 대한민국에 별 애정도 관심도 없는, 다만 돈 벌러 대한민국에 왔을 뿐인 미국 출신 한 연예인이 그물에 걸려든 것이다.

옛날 우리 조상들은 무거운 죄를 지은 사람이 있으면 멍석에 말아 두들겨 팬 다음 마을에서 내쫓았다. 이 멍석말이는 공동체 안에서 합의된 징벌이었으나, 그 죄를 심판한 이는 마을의 좌장이었다. 좌장은 대개 유교도덕으로 무장한 양반들이었으니, 결국 멍석말이를 이끈 것은 다름 아닌 유교이념이라는 허깨비였다. 멍석말이의 희생이 된 이들 대부분이 불충불효 또는 부정의 혐의를 쓴 서민과 여자들이었음이 이를 증명한다. 지체 높은 양반이 멍석말이당했다는 말은 들어 보지 못했으니, 예나 이제나 권세 있는 이들은 죄를 지어도 대중에게 심판받지 않는 것이다. 그들은 오로지 저보다 '더 높은 권력'에게만 심판받을 뿐이다. 이 멍석말이가 유교도덕뿐 아니라 '애향심'의 보자기에 싸여 미화되어 왔음을, 정작 그 피해자인 백성들은 깨닫지 못했다.

애국심을 내세운 국가주의 또는 전체주의가 쉽게 폭력이 되는 까닭이 여기에 있다. 그것은 애당초 힘을 떠받들기 때문에 강자에게 너그럽고 약자에게 가혹하다. 자신을 애국자라고 여기는 누리꾼들은 왜 한 연예인의 말 한마디에 경기를 일으키는가? 그 말 한마디가 정말로 나라에 위협이 되거나 해를 끼쳐서가 아니다. 나라의 품격을 낮추거나 위신을 떨어뜨려서도 아니다. 한 마디로 만만해서다. 힘센 벼슬아치들의 위장전입과 탈세, 부동산 투기와 거짓말 같은 '분명히 나라에 해가 되는' 일에는 이해하기 힘들 만큼 무덤덤한 것만 봐도 그렇다. 거대재벌이 법을 어기고 수많은 재산을 빼돌려 나라에 크나큰 손해를 입혀도 오로지 그 재벌기업 주식을 사느냐 마느냐에 관심을 기울일 뿐 분노조차 느끼지 않는 것만 봐도 틀림없이 그렇다.

우리라는 공동체를 사랑하는 마음은 아름답다. 그 마음이 한데 모여 한목소리를 내는 것은 더욱 아름답다. 옛말에도 뭇 백성들의 입이 모이면 쇠도 녹인다고 하지 않았던가. 그 입이 모이고 힘이 뭉쳐져 옳지 못한 힘과 부당한 억압에 맞서면 역사의 횃불이 된다. 왕조시대 농민운동이 그러했고 일제강점기에 삼일운동이 또한 그러했다. 해방 뒤 여러 차례 독재에 맞선 항쟁, 요즈음의 촛불운동도 같은 줄기 위에 있다. 하지만 그 뭉친 힘이 개인, 그것도 힘없는 개인을 겨냥하면 '집단 괴롭힘'에 지나지 않는다. 애국? 좋다. 그러나 우리가 진정으로 사랑해야 할 나라는 어떤 것인가? 어쩌다 말실수도 하는 '보통사람들'이 모여 이룬 공동체인가, 아니면 그 개인을 통제하고 억압하는 국가권력인가?

2009년 초가을 대한민국에서 벌어진 이 멍석말이 소동이, 어쩌다 구설수에 휘말려 자기 살던 곳으로 돌아갔을 뿐인 한 젊은 가수의 문제만은 아닌 까닭이 이러하다.

⊙ 왜 노는 것을 못마땅하게 여길까?

노세 노세 젊어 노세

사람들에게 '노는' 것 반대말이 뭐냐고 물어보면 열에 아홉은 '일하는' 거라고 말한다. 학생들 가운데는 '공부하는' 거라고 하는 이도 있다. '안 노는' 거라고 옳게 말하는 이들은 대개 어린아이들이다.

놀이는 일이나 공부의 반대말이 아니다. 옛날 사람들은 일을 놀이처럼 즐겁게 해서 고단함을 잊고 능률을 올렸다. 만약에 아이들이 한바탕 신나게 놀고 나서 저도 모르게 뭔가를 배우게 된다면 세상에 그보다 더 훌륭한 공부가 어디에 있겠는가.

놀이가 곧 일이요 공부가 되는 게 바람직한 까닭이 여기에 있다. 아마 처음에는 놀이와 일과 공부가 모두 한 덩어리였을 것이다. 그런데도 많은 사람들은 놀이하고 일과 공부를 딱 가르려 한다. "그렇게 놀다가 언제 일할래?", "이제 그만 놀고 공부해라." 같은 말을 쉽게 하는 걸 보면 그렇다.

노는 것을 '불온'하게 보는 눈길은 어디서 시작됐을까? 짐작컨대 사람이 사람을 부리면서부터 이런 버릇이 생긴 것 같다. 남의 노동으로 배를 채우는 사람은 일꾼들이 '노는 꼴'을 못 봐줬을 거다. 어떻게든 일을 시키려면 그이들에게 '게으른 건 죄악'이라는 생각을 심어 놔야 했을 것이다. '개미와 베짱이'나 '토끼와 거북' 같은 우화가 자본주의와 함께 널리 퍼져 나간 건 우연이 아니다.

'일놀이'나 '공부놀이' 같은 말이 정말로 '말이 안 된다'면 슬픈 일이다. 놀이는 즐거운 것이며 노는 사람을 행복하게 해 주는 것이다. 그래서 이건 그냥 '말이 되는' 걸로 그칠 게 아니라 마땅히 누릴 권리가 돼야 한다. 일하는 사람, 공부하는 사람은 놀 권리와 쉴 권리를 '쟁취'할 일이다. '윗사람'의 '자비'와 '시혜'만 기다리고 있을 일이 아니란 얘기다.

더구나 아이들에겐 지금 당장 놀 수 있는 환경이 필요하다. 아이들에게 놀이는 삶이요 인권이다. 옛날 어른과 아이 차별이 심했던 때도 이것만은 너그럽게 받아들여졌다. 그런데 요즘 어른들은 아이들을 못 놀게 한다. 꼼짝 못하게 가두어 놓고 밤낮으로 공부만 시킨다. 나를 포함한 이 땅의 모든 어른들은 이래서 모두 죄인이다.

이참에 옛날 아이들 놀던 모습을 잠깐 들여다보자. 우선 산, 들, 물가에서 하는 놀이로는 풀각시놀이, 풀싸움, 꽃싸움, 꼬꼬마놀이, 물놀이, 물수제비 뜨기 같은 것이 있었다. 꼬꼬마놀이는 실 끝에 깃털이나 얇은 헝겊 같은 걸 매달아 바람에 날리는 놀이고, 풀각시, 달래각시 놀이는 요즘 말로 하면 인형놀이다. 풀싸움, 꽃싸움은 풀이나 꽃술을 엇걸어 잡아당기는 놀이로, 풀이나 꽃술이 먼저 끊어지는 쪽이 진다.

마을 골목이나 집 마당에서는 돌차기, 돌치기, 구슬치기, 자치기, 장치기, 가댁질, 고리 꿰기, 그림자밟기, 고무줄놀이, 공기놀이, 굴렁쇠 굴리기, 술래잡기, 꼬리잡기, 대말타기, 소타기말타기, 딱지치기, 땅따먹기, 고누 두기 같은 걸 하며 놀았다. 돌차기는 망차기, 사방치기라고도 하는데 납작한 돌을 발로 차 금 안에 넣는 놀이고, 돌치기는 비사치기, 비석치기라고도 하는 것으로 돌을 세워 놓고 맞추는 놀이다. 자치기는 막대기로 다른 막대기를 쳐 날리는 놀이고, 장치기는 긴 막대기로 공을 쳐 밖으로 보내는 놀이다.

숨바꼭질이라고도 하는 술래잡기에는 여러 가지가 있어서 쫓고 쫓기는 것도 있고 눈 뜨고 잡는 것, 눈 감고 잡는 것도 있다. 쫓고 쫓기는 건 가댁질이라고 했고, 눈 감고 잡는 건 까막잡기 또는 장님술래라고 했다. 지금도 생각나는 건 술래를 정할 때 사람을 하나씩 가리키며 "하날때, 두알때, 서이삼, 사마중, 오날때, 육낭거지, 칠패, 팔패, 구장군……" 하다가 "고드레뽕!" 하면 거기에 걸린 사람이 술래가 됐는데, 그 세는 말이 참 재미있다.

대말타기는 대막대기 두 개를 둘이서 잡고 한 사람이 그 안에 들어가 걸터앉는 흉내를 내며 돌아다니는 놀이로서, '죽마고우'라는 한자말도 여기서 생겼다. 고누는 땅에 금을 그어 놓고 돌멩이나 나뭇가지로 말을 삼아 길을 막거나 상대 말을 따먹는 놀이인데, 여기에도 여러 가지가 있었다. 우물고누, 줄고누, 곤질고누, 호박고누, 밭고누, 장수고누, 왕고누 같은 건 그 재미난 이름처럼 규칙도 가지가지였다.

집 안에서 하는 놀이로는 주먹치기, 쌀보리, 각시놀이, 소꿉놀이, 실뜨기, 팔씨름, 다리씨름, 다리세기 같은 게 있었다. 이 가운데 다리세기는 서로 다리를 엇걸어 펴고 앉아서 "이거리 저거리 갓거리 청두맹두 두맹두 도루매줌치 장두칼!" 하며 세는 놀이인데, 지방에 따라 그 세는 말이 다르다. 수수께끼놀이, 이야기놀이, 스무고개 같은 건 다 말로 하는 놀이로서 이런 걸 할 때는 '목침 돌리기'를 곁들이기도 했다. 목침 같은 걸 돌리면서, 그게 돌아온 사람이 차례가 되어 수수께끼나 이야기를 이끌어 나가는 것이다.

철따라 하는 놀이도 달랐는데, 이를테면 봄에는 풀피리와 호드기를 만들어 불고 어른들 따라 화전놀이를 가거나 그네를 뛰었다. 그네뛰기는 단옷날만 한 게 아니라 날씨 좋을 땐 언제라도 했다. 여름에는 아무래도 물놀이가 으뜸일 테고, 이것도 틀림없는 놀이에 들 텐데 서리도 무척이나 성했다. 수박서리, 참외서리는 말할 것도 없고 밀서리, 콩서리, 호박서리까지 없는 게 없었으니까. 다 '내 것'과 '네 것'을 그리 매몰스럽게 따지지 않던 인심 좋은 시절 이야기다.

가을 한가위 땐 달맞이, 달집태우기와 함께 거북놀이도 했다. 거북놀이는 수수깡으로 거북 모양을 만들어 집집마다 가지고 다니며 자랑하는 놀이로, 가는 곳마다 음식을 푸짐하게 대접받기도 했다. 가을걷이가 끝나면 마을 어른들은 음식을 장만해 놓고 풍물을 치면서 한바탕 놀았는데, 아이들도 거기 당당하게 한 자리 차지했음은 물론이다.

겨울엔 놀 게 참 많았다. 썰매타기, 얼음지치기는 물론이고 눈싸움, 팽이치기, 연날리기, 제기차기, 윷놀이로 세월 가는 줄 몰랐으니까. 팽이치기는 얼음판에서 해야 맛이 나고, 연날리기는 휑한 들판을 맘껏 달리며 해야 제격이다. 윷놀이할 때 '딴말쓰기'란 건 따로 윷판을 만들지 않고 머릿속에 판을 그리고 밀을 쓰며 노는 방식이다. 어릴 적 동네 아주머니들이 그 복잡한 걸 다 외워서 한 치 틀림도 없이 말을 쓰는 걸 보고 놀랐던 생각이 난다.

「노세 노세 젊어 노세」라는 노래가 있다. 이를 두고 젊어서 일을 해야지 왜 노느냐고 딴죽 거는 건 옳지 않다. 우선 노는 게 반드시 일에 방해되는 게 아니고, 또 젊든 늙었든 '잘 놀' 권리는 누구에게나 있으니 말이다. 또 '내가 겪어 봐서 아는데' 한 살이라도 젊어서 노는 게 옳더라. 늙으면 놀고 싶어도 못 논다. 그러니 이 글을 읽는 분들, 부디 열심히 노시도록! 그렇게 놀기만 하고 언제 일하냐고? 글쎄 노는 것과 일하는 것이 다르지 않대도 그러시네.

분위기 파악

사사로운 이야기를 해서 미안하지만 나는 참 눈치가 없다. 여러 사람 모인 곳에서 남들 다 웃을 때 혼자 멀뚱거리고 있은 적이 한두 번이 아니다. 왜 웃는지 몰라서 그렇다. 노래방 가서는 생뚱맞게 음악교과서에 나오는 가곡을 불러서 분위기 망쳐 놓는 일도 더러 있다. 뒤늦게야 뭔가 '썰렁'해졌다는 걸 깨닫지만 때는 이미 늦었다. 내가 생각해도 한심한데 남들 보기에는 오죽하랴. 그런데도 아직 드러나게 '왕따' 안 당하고 사는 건 오로지 어질고 너그러운 동무들 덕이다.

'분위기 파악'은 '주제 파악'과 더불어 한국 사람 사회생활하는 데 '필수덕목'이다. 여럿이 어울려 살면서 저절로, 또 어쩔 수 없이 익혀 몸에 밴 슬기일 테다. 드러나지 않고 여럿 속에 묻힘으로써 혹시 닥칠지도 모르는 위험으로부터 자신을 지키려는 본능이라 해도 좋다. 어쨌든 '독야청청' 보다는 '만수산 드렁칡' 쪽이 살기 편한 건 틀림없다. 중국집 가서 남들 다 짜장면 시키는데 혼자 잡채밥 시키면 아무래도 눈치 보이지 않나.

'분위기'의 정체는 무엇일까? 우선 그것은 여러 사람 생각이나 취향에서 나오는 '합의된 정서' 같다. 다시 말해 분위기를 결정하는 것은 '머릿수' 라는 말이다. 셋 중 둘이 옳다면 옳은 거다. 이를테면, 내 또래 중늙은이들이 모인 곳에 가면 으레 "요새 아이들 참 큰일"이라는 얘기가 나온다. 버릇없어, 막돼먹어, 저만 알아, 돈만 밝혀, 어쩌고저쩌고 왁자지껄 '성토'가 이어진다. 이 때 혼자서 딴말 했다간 십중팔구 '집단 따돌림'을 당한다. 그렇다고 크게 감싸는 것도 아니고 그저 "아이들 그렇게 된 게 어디 아이들 탓인가?" 정도여도 그렇다.

위에 든 '웃음 사건'이나 '노래방 사건'에 견주면 이 경우는 좀 더 '발칙'하다. 앞의 일은 정말로 눈치가 없어서 그랬지만 이번엔 뻔히 알면서도 분위기를 거슬렸기 때문이다. 이처럼 분위기 파악은 몰라서 '못 할' 때도 있고 일부러 '안 할' 때도 있다. 분위기를 이끄는 쪽에서 보면 뒤쪽이 더 나쁘다. 눈치 없어 분위기 파악 못 하는 건 한심할 뿐이지만, 분위기 다 알면서 '튀고 자빠지는' 건 썩 괘씸하니 말이다. 그래서 그럴 땐 괜히 나서서 '분위기 깨지' 말고 그저 잠자코 있는 게 상책이다.

어쨌거나 여기까지는 애교로 봐줄 만하다. 그런다고 누가 해를 입거나 당장 우정이 깨지는 건 아니기 때문이다. 정말로 문제가 되는 건 분위기를 머릿수가 아니라 '힘' 또는 '권위'가 결정하는 경우다. 이를테면 어떤 회사에서 아침부터 사장님 '심기가 불편'하면 사무실 분위기는 가라앉는다. 이때 누가 싱거운 우스개로 분위기 띄우려고 했다간 싸늘한 눈총 받기 딱 좋다. 분위기 파악도 못하는 얼간망둥이로 찍히기 십상이라는 말이다. 사원 백 사람 천 사람 기분과는 상관없이 오로지 사장 한 사람 기분이 분위기를 만드는 것이다.

이오덕 선생님 시에 이런 것이 있다 "애들아, 조심해라. / 우리 선생 아침부터 뿔났다. / 청소 당번 조심해라. / 모두 모두 인사 잘해라. / 숙제는 다 해 놨나? / 도화지 잊었으면 빌려 놔라. / 오늘 아침 교장선생한테 꾸중당하고 / 우리 선생 뿔났단다."[시 「우리 선생 뿔났다」에서] 이때 반 분위기는 담임선생님 기분이 만든다. 그럼 담임선생님 기분은 누가 쥐락펴락할까? 당연하게도 교장선생님이다. 이처럼 분위기는 종종 '힘의 먹이사슬'을 타고 아래로 흐른다.

'알아서 하라'는 시쳇말이 있다. 이를테면 "사정이 이러이러하니 알아서 해라."고 하면 그 말은 곧 분위기 파악을 잘하라는 뜻이다. 물론 그 분위기는 높은 사람, 힘 있는 사람한테 달렸다. 아예 대놓고 '알아서 기라'고도 한다. 납작 엎드려 윗사람 눈치를 살피고 비위를 맞추며 엉금엉금 기라는 말이다. 이쯤 되면 아무리 좋게 보려고 해도 이미 애교는 아니다. '기는' 쪽에서 보면 분위기가 원수 아니겠나.

가끔은 옳은 일도 분위기에 휩쓸리는 수가 있다. 뭐랄까, 믿음이 워낙 깊다 보니 딴소리를 받아들이기 어려운 지경에까지 가 버리는 것이다. 교육운동이나 시민운동 판에서도 가끔 보이는 모습이다. 오래전 내가 새내기 교사였을 때, 한번은 '민중운동' 패에 끼었다가 '은따'가 된 적 있다. (혹시 모르는 분 있을까? '은따'는 알게 모르게 은근히 따돌림 당하는 사람을 일컫는 아이들 말이다.) 도회지 큰 대학교에서 학생운동으로 잔뼈가 굵은 사람들 틈에서 나처럼 학생 때 '데모' 한 번 못해 본 시골 교대 출신 어리보기는 분위기 깨는 '깸돌이'가 될 수밖에 없었다. 그렇더라도 그때 내가 받은 은근한 눈총은 마음속 생채기로 꽤 오래 남아 있었다. 눈치 없는 게, 여럿과 다른 소리 내는 게 죄는 아닐 텐데……

요새 학교에도 여기저기 새로운 바람이 불고, 많은 뜻 있는 선생님들이 희망찬 변화를 일구어 내는 모양이다. 반가운 일이요 아름다운 일이다. 그런데 혹시라도 그 가운데 여럿과 다른 목소리를 내는 선생님이나 학생들이 소외되지나 않는지? 자기 뜻과 다른데도 분위기에 휩쓸려 마지못해 따라가는 선생님이나 학생들은 없는지? 조심스럽게 둘레를 한 번 돌아보았으면 좋겠다.

그래서 감히 권한다. 당신이 만약 분위기를 이끄는 사람이라면, 또는 분위기 속에 있는 사람이라면 잠깐 걸음을 멈추고 둘레를 돌아보기를. 만약 둘레에 분위기 파악을 못 하거나 안 하는 사람이 있다면 먼저 다가가 따뜻이 손을 잡고 그이 말에 귀를 기울일 것을. 당신이 하는 일이 옳을수록, 그것은 남들과 맞잡은 손에서만 힘을 얻을 수 있음을 생각하기 바란다.

그리고 또 감히 권한다. 당신이 만약 분위기 파악을 못 하거나 안 하는 사람이라면, 그래서 그 때문에 외롭거나 괴롭다면 조금도 기죽지 말기를. 당신이 만약 눈치가 없다면 너무 순진하고 꾸밈없어 그런 것이요, 남들과 생각이나 취향이 다르다면 개성이나 주장이 뚜렷해서 그런 것이니 그게 어찌 허물이 되겠는가. 그래도 정 힘들면 나를 찾아오시라. 기꺼이 소주 한 잔 살 테니.

가방끈

내가 아는 젊은이 가운데 참 착실한 사람이 있다. 마음씨 착해, 부지런해, 말본새 반듯해, 예절 발라, 어디 한 군데 나무랄데 없는 사람이다. 이이가 얼마 전 다니던 회사를 그만두고 시골에 농사지으러 갔다. 우연히 만나 소식을 들은 내가 축하도 하고 칭찬도 하자 그이가 말했다.

"아니에요. 모두들 제가 무슨 큰 뜻을 품고 귀농한 줄 아는데, 그게 아니라 회사 생활이 너무 힘들었던 거예요."

그러면서 하는 얘기가, 일이 고되었다기보다 학력차별이 힘들었단다. 이이가 집안사정 때문에 고등학교를 다니다 말았는데, 그 때문에 회사에 들어갈 때부터 어려움이 이만저만이 아니었단 얘기다. 월급 적고 승진 늦는 건 그나마 참을 만했지만 은근한 무시와 따돌림은 정말이지 피를 말리는 것 같더란다. 그 때문에 검정고시 봐서 고등학교 졸업장도 따고 방송통신대학교에도 다녔지만 편견을 깨는 데는 별 도움이 안 되더란다.

그럴 것이다. 이 나라에서 학력은 곧 계급장이니까. 나도 그런 적 많다. 멀쩡하던 분위기가, 2년제 시골 교대 출신에 그 흔한 학위 하나 없는 내 초라한 학력이 드러나자 갑자기 싸늘해진 일도 있었으니! 어디 나뿐이랴. 살갑게 굴던 사람이 학력을 대는 순간 '안면'을 싹 바꾸더라는 얘기는 수도 없이 들었다. 어떤 이는 학력차별에 맞서 싸우다 만신창이 되어 산속으로 들어가고, 어떤 이는 자기 학력에 한이 맺혀 자식 일류대학교 보내는 데 '올인'하다가 뜻대로 안 되자 우울증에 빠졌다. 이게 다 내 둘레 가까운 사람들 얘기다.

오죽하면 유명인들 '학력 위조' 사건이 신문 1면에 오르내릴까. 세상에 이런 나라는 없을 것이다. 어느 정치인이 미국유학을 했느니 안 했느니, 어느 연예인이 아무 대학교 졸업장을 받았느니 안 받았느니로 날밤 새우는 나라 말이다. 의심을 벗으려고 졸업증명서까지 내놔도, 그게 진짜인지 확인하느라고 생판 모르는 사람이 외국 대학교 총장에게 전자편지 보내는 나라가 정말 딴 데도 있을까.

더 기막힌 건 그런 일에 멀쩡한 신문이 앞장선다는 거다. 가판

대에서만 볼 수 있는 황색주간지가 아니라 발행부수 1, 2등을 자랑한다는 일간신문이 말이다. 자, 만약에 어떤 사람이 학교를 적게 다니고도 공부를 많이 해서 큰일을 이루었다면 뭐라고 해야 할까. 상식으로라면 칭찬을 해 줘야 할 것이다. 그런데 이 나라 족벌신문은 그런 경우 험담을 한다. 설마라고? 독학으로 변호사까지 지낸 대통령을 '고졸'이라 비웃고, '미네르바'가 다만 전문대학교 나왔다는 까닭으로 사기꾼인 양 욕한 신문이 없는 줄 알았나?

사정이 이러하니 온 국민이 학력에 목을 매는 건 놀랄 일도 아니다. 이 나라에서는 일류대학교 나와 미국유학 다녀오고 외국 박사학위 가진 이들 아니면 '사회지도층'에 낄 수조차 없다. 학벌이 곧 지위고 품격이고 벼슬이고 재산이다. 그런데 말이다. 그렇게 공부를 많이 하고 좋은 학교 나왔으면 사람됨도 훌륭해야 하지 않나? 우리처럼 못 배운 사람들보다는 뭐가 나아도 나아야 할 것 아니냐 말이다. 그런데 그게 그렇지 않으니 웬일이지?

어마어마한 학력 가진 유명 정치인들 벼슬아치들 하는 짓을 보면 일곱 살 아이보다 못할 때 많더라. 금방 들통날 거짓말도 예사로 하고 나랏법 어기기를 밥 먹듯 하며, 누가 보건 말건 제 몫 챙기느라 눈이 벌걸 땐 사람 같지도 않으니 하는 말이다. 그뿐 아니다. 마치 못된 송아지처럼 천방지축 날뛰기도 하고 저잣거리 날건달들도 안 하는 천박한 말을 마구 쏟아 내는가 하면 세상에 저보다 잘난 사람 없는 것처럼 으스댈 때는 보는 우리가 다 민망하지 않던가.

그래서 '가방끈'은 길면 길수록 사람 버리기 딱 좋다. 이건 어쩌면 이 나라에서 당연한 일인지도 모른다. 조그마한 아이 적부터 그저 죽자 사자 남을 제치고 이기고 따돌리는 법만 배운 사람이 기다란 가방끈을 거머쥐니 그럴 수밖에. 그렇게 사느라고 언제 자신과 이웃의 삶을 돌아본 적 있었을까. 아름다운 자연을 바라보며 조용히 사색해 본 적 있었을까. 남의 아픔을 함께 느끼며 괴로워해 본 적 있었을까. 가방끈 긴 사람일수록 그 사람됨에 흠결 많은 까닭이 이러하다. (똑같은 까닭으로, 학교를 많이 다니고도 사람됨이 괜찮은 분들은 존경받아 마땅하다.)

거꾸로, 내가 만난 이들 가운데 그 인품에 절로 고개가 숙어질 만큼 훌륭한 분들은 대개 학교를 많이 다니지 않은 분들이었다. 이를테면 권정생 선생님은 초등학교밖에 나오지 않았지만(아니, 그렇기에) 그 말과 행동에 그윽한 향내가 났다. 이오덕 선생님도 학교를 그리 많이 다니지 않았지만(아니, 바로 그래서) 그 통찰력을 따라갈 만한 이 없었다. 만나진 않았지만 책을 보고 존경하게 된 많은 분들도 그러하다. 함석헌 선생님이 그렇고 백기완 선생님이 그렇고 리영희 선생님이 그렇다. 어찌 이것을 우연이라 하랴.

그래서 감히 말한다. 지금 당장은 가방끈 긴 사람들이 우리 삶

을 쥐락펴락할지라도, 그래서 우리도 아이들도 학교 졸업장에
목을 맬 수밖에 없더라도, 비록 그렇더라도 우리 넋만은 빼앗기
지 말자. 일류대학교, 미국유학, 외국 박사학위 같은 어마어마한
가방끈 앞에 기죽지 말자. 사람은 누구든지 그이가 나온 학교 이
름이 아니라 그 사람됨으로 평가받아야 한다. 너무나 당연한 이
말이 여태 이 나라에서는 패배자의 불온한 불평으로 몰렸다. 이
제 곧 선거철이 되면 후보마다 휘황찬란한 학력을 적어 넣은 명
함과 벽보로 우리 눈을 어지럽힐 것이다. 거기에 홀리지 말자.
가방끈? 그거 말짱 개뿔이다.

심심풀이 점치기

새봄도 됐으니 심심풀이 점이나 한번 쳐 보자. 미리 말해 두지만 이건 내 맘대로 지어낸 거고, 그래서 아무런 근거도 효험도 없다. 말 그대로 '아니면 말고' 점이다.

다음에 여섯 가지 이야기가 있다. 읽어 보고 어떤 생각이 드는지, 보기 가운데 자기 생각과 같은 것 하나를 고르면 된다. 같은 게 없으면 비슷한 걸 고를 것. 보기는 각각 다음과 같다.

1번 그럴듯해. "어라, 꽤 쓸 만한 생각인걸." 또는 "듣고 보니 정말 그러네." 하고 고개를 끄덕이게 되면 이것을 고른다.

2번 글쎄? "뭐, 그렇게 생각할 수도 있겠지." 또는 "선뜻 와 닿진 않지만 아주 틀린 말은 아닌 것 같아." 하는 정도면 이것을 고른다.

3번 말도 안 돼. "어떻게 그런 생각을 다 할 수 있는 거야?" 또는 "기막혀. 어처구니없어." 하는 생각이 들면 이것을 고른다.

깊이 생각할 건 없다. 어차피 심심풀이니깐.

자, 그럼 이야기로 들어가자.

첫째 이야기. 어느 나라 정치인이 환경문제를 다루는 회의에 참석해서 기자들과 만났다. 기자들이 "요새 지구온난화 현상 때문에 극지방 얼음이 녹아 바닷물 높이가 점점 높아지는데 무슨 대책이 있습니까?" 하고 묻자 그이는 이렇게 대답했다. "예, 있고말고요. 우리는 해안선을 따라 둑을 쌓을 겁니다. 그러면 우리 국토가 물에 잠기는 일은 없을 테지요."

둘째 이야기. 어떤 모임에서 한 사람이 늦게 왔다. 왜 늦었느냐고 물으니 길이 막혀 늦었다고 했다. 다른 이들이 요새 길에 자동차가 너무 많아 길이 막히니 승용차 대신 버스를 타고 다니는 게 좋겠다고 하니(전철은 안 다니는 곳이다) 그 사람이 이렇게 말했다. "길에 자동차가 많을수록 내 차를 타고 다녀야 해. 버스고 승용차고 길 막히기는 매일반인데, 승용차는 지름길로 다닐 수 있지만 버스 다니는 길은 늘 막혀."

셋째 이야기. 직장인 몇이 모여 전직 대통령 이야기를 하고 있었다. 이러쿵저러쿵 여러 말이 오간 끝에 한 사람이 이런 말을 했다. "다른 건 몰라도 한 가지만은 옳은 말 했다고 생각해. 언젠가 주식시세가 크게 떨어져서 민심이 흉흉할 때 그분이 뭐랬냐면, '지금 주식 사면 부자 된다'고 그랬거든. 그땐 다들 무슨 헛소리냐고 했지만 지나고 보니 옳은 말이었잖아. 쩝, 나도 그때 빚을 내서라도 주식 좀 사 둘걸."

넷째 이야기. 높은 벼슬아치들을 상대로 청문회라는 걸 하면 빠지지 않고 오르는 얘깃거리 가운데 이른바 '위장전입'이 있다. 그런 말 나올 때마다 당사자들이 내놓는 변명은 한결같다. '자식 교육 때문'이라는 거다. 그 얘길 듣고 한 사람이 그랬다. "그 사람들 높은 벼슬자리에 오르려니 검증을 혹독하게 받느라고 그렇지, 딴은 그렇잖아. 뭘 크게 한몫 챙긴 것도 아니고, 자식 교육 때문에 주소 가짜로 옮기는 거야 다들 하는 일 아냐?"

다섯째 이야기. 머잖아 땅에 묻힌 석유가 바닥날 거라는 얘기 끝에 한 사람이 이렇게 말했다. "정치하는 사람들이 문제야. 도무지 먼 앞날을 내다보지 못해요. 지금 당장 석유 끊기면 얼마나 버틸라나? 듣자니 미국 같은 나라는 자기 나라 땅에 묻힌 석유 어디에 얼마 있는지 환히 알고도 손 안 댄다며? 위기 때 쓰려고, 자기네 것 가만히 두고 남의 나라 것 갖다 쓴다지 않아? 그만한 안목이 있으니까 큰 나라지."

여섯째 이야기. 어떤 자리에서 요새 아이들은 크고 넓게 생각할 줄 모른다는 얘기가 나왔다. 시야가 좁고 잔머리 굴리는 일에만 능하다는 거다. 잠자코 듣고만 있던 한 사람이 이렇게 말했다. "그거 반드시 나쁘게만 볼 건 아니라고 봐. 앞으로는 그런 사람이 대성할걸. 두고 봐, 어떤 분야에서든지 상황을 빨리 파악해서 민첩하게 흐름을 타는 사람이 두각을 나타낼 테니. 그게 바로 잔머리 굴리는 일이지 뭐야."

다 읽고 골랐으면 이제 점을 칠 차례다. 1번 '그럴듯해'가 네 개 넘는가? 그렇다면 좋은 소식이 있다. 당신은 머잖아 높은 벼슬자리에 오르거나 크게 돈을 벌 것이다. 아니면 적어도 일터에서 남보다 승진이 빠르거나 남보다 더 좋은 자동차를 장만하기라도 할 것이다. 다른 나라에서라면 몰라도 우리나라에서는, 바로 당신처럼 생각하는 사람이 대개 경쟁에서 이긴다. 이건 믿어도 좋다.

3번 '말도 안 돼'가 네 개 넘는다고? 그렇다면 아쉽게도 벼슬자리나 돈방석에 올라앉을 운은 아니다. 다른 나라에서라면 몰라도 우리나라에서는, 또 지금 같은 상황에서는 틀림없이 그렇다. 하지만 장담컨대 당신은 돈이나 권력 같은 '눈앞의 이익'보다 더 소중한 것이 있다고 믿을 것이다. 그 믿음대로 당신은 소중한 것을 얻을 것이다. 이미 갖고 있다면 잃지 않을 것이다. 그것은 바로 세상을 보는 폭넓은 눈, 삶의 의미와 보람, 더불어 사는 기쁨, 또는 진정한 존경과 사랑 같은 것이다.

이도 저도 아니라고? 그렇다면 당신 운은 그냥 평범하다. 살다 보면 아기자기한 즐거움과 보람도 있을 테고 고만고만한 걱

정과 어려움도 있을 테지. 실망할 건 없다. 우리 같은 서민들, 다
그렇게 사는 것 아닌가?

믿거나 말거나.